DIEDERICHS GELBE REIHE

herausgegeben von Michael Günther

Sri Chinmoy

Veden, Upanishaden, Bhagavadgita

Die drei Äste am Lebensbaum Indiens

Diederichs

Übersetzt, bearbeitet und eingeleitet
von Franz Dam

Die Deutsche Bibliothek – CIP-Einheitsaufnahme
Chinmoy:
Veden, Upanishaden, Bhagavadgita : die drei Äste am Lebensbaum Indiens / Sri Chinmoy. Übers., bearb. und eingeleitet von Franz Dam. 3. Aufl. Kreuzlingen ; München : Hugendubel 2000 (Diederichs)
(Diederichs Gelbe Reihe ; Bd. 107)
ISBN 3-424-01160-6
NE: Dam, Franz [Bearb.]; GT

3. Auflage 2000

Umschlaggestaltung: Zembsch' Werkstatt, München
Produktion: Maximiliane Seidl, München
Satz: Uhl + Massopust, Aalen
Druck und Bindung: Pressedruck, Augsburg
Printed in Germany

ISBN 3-424-01160-6

Inhalt

Einleitung

Der Autor dieses Buches, Sri Chinmoy, ist einer der großen Lehrer spiritueller Weisheit in unserer Zeit. Er lebt und lehrt seit 1964 in New York, im Herzen Amerikas. Seine äußeren Aktivitäten und Fähigkeiten sind ungewöhnlich mannigfaltig, weshalb man ihn oft als einen Renaissance-Menschen der Gegenwart betrachtet. Im Herzen vielleicht ein Komponist und Musiker, malt er ebenso, betreibt Leistungssport – und schreibt. Es wurden bis heute schon über 1100 Bücher und Büchlein – Prosatexte, Gespräche, Vorträge, Dramen und Lyrik – von ihm veröffentlicht. In seinen Werken, seien es Bilder, Bücher oder Lieder, spürt man etwas vom Hauch des Ewigen, der alles durchweht, was aus dem Innersten des Wesens hervorbricht. Sie sind Zeugnisse nicht nur kreativer Fülle und breiter Kenntnisse, sondern vor allem tiefer innerer Erfahrung und spiritueller Höhe.

In den Jahren 1970 bis 1972 hielt Sri Chinmoy im Zug ausgedehnter Vortragsreisen an renommierten Universitäten Amerikas drei besondere Reihen von Vorträgen über das spirituelle Erbe Indiens. Es waren dies drei nicht zuletzt durch viele Zitate aus westlicher Literatur und Philosophie ganz auf den westlichen Hörer bzw. Leser zugeschnittene Kommentare zu den turmhohen Marksteinen indischer Spiritualität und Philosophie: den Veden, den Upanishaden und der Bhagavadgita. Es sind zugleich drei der größten geistigen Vermächtnisse und Schriften der Menschheit. Da die Kommentare im originalen Englisch bislang nur getrennt publiziert wurden, werden sie hier erstmals in einem Band zusammengefaßt und in deutscher Sprache veröffentlicht.

Man kann zwar, wie eben geschehen, diese Texte Sri Chinmoys über die Veden, die Upanishaden und die Bhagavadgita als Kommentare bezeichnen, doch sind sie das im westlichen Sinn, der einen Kommentar als eine unselbständige und sekundäre Schrift begreift, auch wieder nicht. Sie folgen schon eher der indischen Art und Weise, große, wichtige Schriften der Vergangenheit zu kommentieren. Denn in Indien glaubt man, ungleich dem Westen, daß die alten, uns durch mündliche und schriftliche Überlieferung erhaltenen Lehren wirkliche geistige Autorität besitzen und *wahr* sind. Daher sah sich beinahe jeder, der eine neue Lehre zu verkünden hatte, genötigt zu beweisen, daß diese neue Lehre (nach indischem Verständnis vielmehr eine der jeweiligen Zeit angepaßte Form der alten Lehren) auch gänzlich und fest in den alten Wahrheiten gründet. So schrieb man Kommentare zu jenen alten Schriften und legte in ihnen seine eigene, manchmal wirklich völlig neue Lehre dar. Und zu diesen Kommentaren wurden dann in der jeweiligen Schultradition Unterkommentare, Unter-Unterkommentare usw. geschrieben.

Insofern war man also in Indien dem Neuen niemals verschlossen, aber es mußte mit der ewigen, unveränderlichen Wahrheit, die ja schon, wie man bestimmt glaubte, zumindest in ihrer Essenz in der Vergangenheit entdeckt wurde, übereinstimmen, denn diese ewige Wahrheit kann sich in ihrem Wesen natürlich niemals ändern, sie kann nur in äußerer Form und Darstellung einem Wandel unterzogen werden.

Ähnlich, wenn auch nicht nach traditionellem Muster, verhält es sich mit den »Kommentaren« Sri Chinmoys. Sie sind eigentlich selbständige spirituelle Schriften und Lehren, die neben literaturhistorischen Fakten und inhaltlichen Darstellungen der betreffenden Texte durch das Mittel des Kommentars eine Zusammenschau heutiger spiritueller Lehren mit den überlieferten, alten indischen Lehren bieten und die gemeinsame Wahrheit und universelle innere Erkenntnis herausstreichen. Das schließt natürlich eine individuelle Art der Interpretation dieser alten Bücher nicht aus.

Im folgenden sind einige brauchbare Fakten zu Veden, Upanishaden und der Bhagavadgita aufgeführt, vor allem was Geschichte, Literatur und verschiedene Interpretationen betrifft. Das im großen und ganzen aber nur so weit, als es in den Texten Sri Chinmoys selber nicht Erwähnung gefunden hat.

*

Die Veden – vielleicht besser »der Veda« genannt – sind eine riesige Literaturmasse. Sie bestehen aus Texten spirituell-metaphysischen, rituellen und ethisch-juristischen Inhalts. Was hier im Westen meist unter dem Begriff Veda verstanden wird – und Sri Chinmoy (wie ebenso diese Einleitung) folgt in seinen Kommentaren zumeist dieser um des bequemeren Verständnisses willen oft erlaubten Ungenauigkeit – sind eigentlich nur der erste große Teil des gesamten Veda. Es sind dies die sogenannten vedischen *Saṃhitās,* nämlich die *Ṛgveda-Saṃhitā,* die *Sāmaveda-Saṃhitā,* die *Yajurveda-Saṃhitā* und die *Atharvaveda-Saṃhitā.* Die Upanishaden sind dann strenggenommen ebenso Teil der vedischen Literatur, und zwar ihr letzter Teil, weshalb sie auch *Vedānta,* »Ende des Veda«, genannt werden. Die Bhagavadgita wiederum steht außerhalb des eigentlichen vedischen Schrifttums.

Der älteste Teil der vedischen Samhitas, die ersten neun der zehn Bücher des Rigveda, soll (nach einer recht willkürlichen Zeitaufrechnung) bis spätestens 1000 v. Chr. verfaßt worden sein, was jedoch ganz und gar nicht ausschließt, er sei sehr viel früher entstanden. Trotzdem nimmt die moderne Indologie 1500–1200 v. Chr. recht unverständlicherweise als Entstehungszeit dieses Teiles des Rigvedas an. Manche namhaften europäischen und indischen Indologen nahmen aber eine sehr viel frühere Zeit für die Entstehung der älteren Teile des Veda an. H. Jacobi und B. G. Tilak zum Beispiel setzten unabhängig voneinander die Entstehungszeit der Rigveda-Samhita aufgrund astronomischer Kriterien in das 5. oder 6. Jahrtausend vor Christus hinab. Einige andere Indologen nehmen etwa 4000 v. Chr. (P. C. Sengupta, P. V. Kane) oder 2500 v. Chr. (S. B. Roy und Moriz Winternitz) als Entstehungszeit der älteren Vedateile an.

Der Veda und insbesondere die Rigveda-Samhita gibt nun reichen Nährboden für meist zur Gänze voneinander verschiedene Interpretationen seiner Texte. Denn die Sprache, in der er abgefaßt ist, ist sehr alt und wurde deshalb später, vor allem was den Wortschatz betrifft, nicht mehr gänzlich verstanden. Dazu kommt, daß der Veda wahrscheinlich geheime Lehren enthielt, die nur wenigen zugänglich waren. Und nach Sri Aurobindo, dem großen indischen Philosophen und Begründer des Integralen Yoga, bot die Verschlüsselung der vedischen Lehren in einer stark symbolischen Sprache zusätzlichen Schutz vor der Vulgarisierung und dem daraus entstammenden Mißverständnis seiner wahren Lehren. So sind die westlichen Wissenschaftler meist der Meinung, die Verse des Rigveda seien Ergüsse einer recht primitiven Poesie, die sich die Kräfte der Natur wie Wind, Sonne, Regen und dergleichen als belebt vorstellt und daher als Götter verehrt, oder aber die Charaktere der Himmlischen und ihr Verhalten zueinander seien Abbild, Mythisierung, von Zuständen und Bewegungen in der menschlichen Gesellschaft. Nur vereinzelt gäbe es erste philosophische Ansätze. Die indische Orthodoxie wiederum glaubt – und sie stützt sich dabei auf den großen *Sāyana,* einen Kommentator des Veda aus dem 14. Jahrhundert –, daß diese Hymnen nichts anderes als Beschreibungen der zu vollziehenden Opferrituale seien, was Sayana in seinem Kommentar zu oft waghalsigen Wort- und Versinterpretationen zwang. Im letzten Jahrhundert hat Swami Dayanand Saraswati eine neue Interpretation des Veda gegeben. In diesem Jahrhundert leitete dann Sri Aurobindo eine neue Epoche der Veda-Interpretation ein. Er schuf, was man eine psychologische oder metaphysische Interpretation des Veda nannte.

Nach dieser Interpretationsweise, die für Sri Chinmoys Vorträge ebenso die Grundlage zu bilden scheint, sind die vor allem im Rigveda angerufenen und verehrten Götter innere, psychologische und kosmische Prinzipien und Wesenheiten. Sie können dem Menschen große Hilfe bieten auf seinem Weg zu einem höheren und bewußteren Dasein und wurden dafür auch herbeigerufen.

Der am meisten verehrte Gott des Veda, *Agni,* der meist allein als Personifizierung des Feuers gedeutet wird, sei auch das Prinzip des Strebens des Menschen nach Höherem. Er ist das innere Feuer des Willens und der Sehnsucht, dessen Kraft des Vorwärtsschreitens letztlich den Sieg über die Unwissenheit der Welt bringe. Auf der Grundlage dieser ihrer spirituellen und psychologischen Erkenntnisse hätten die vedischen Seher, die *Ṛṣis,* ein ganzes System spiritueller, yogischer Disziplin aufgebaut und es einigen wenigen Initiierten weitergegeben. Im Gang der Jahrhunderte wäre allerdings das Wissen um die innere Bedeutung dieser Verse und Begriffe fast gänzlich verschwunden und der äußere Aspekt als ihre vollständige Bedeutung angesehen worden.

Demnach ist der Rigveda, und mit ihm die übrigen vedischen Samhitas, ein spirituelles und metaphysisches Lehrbuch, in welchem die Höhepunkte der Erkenntnis und inneren Erfahrung weiser Seher in uralter, symbolischer Sprache aufgezeichnet worden waren.

*

Einer späteren Zeit gehören die Upanishaden, die »Krone der indischen Seele«, wie Sri Chinmoy sie nennt, an. Sie sind der spirituelle und philosophische Höhepunkt des alten Indien. Von ihrem geistigen Reichtum lebt die indische Spiritualität und Philosophie der Folgezeit bis in unser Jahrhundert herauf.

Es gibt der traditionellen Auflistung nach 108 Upanishaden. Tatsächlich gibt es sogar einige mehr, wobei aber nur ein kleiner Teil, vielleicht dreizehn oder vierzehn Upanishaden, wirklich in der älteren Zeit, vor der Geburt Buddhas (563 v. Chr.), entstanden ist und großen Einfluß auf die spätere Zeit nahm. In diesen älteren Upanishaden werden spirituelle und philosophische Inhalte in einer klaren und doch mystischen Weise dargelegt. Ihre Gedanken sind oft rational, doch messen sie der Intuition und der direkten Wiedergabe mystischer Schau in einem inspirierten *Mantra* größeren Wert bei als dem logischen Denken und dessen Ausdruck in philosophischen Lehrsätzen.

Die upanishadische Zeit ist eine Periode intensiven geistigen Suchens und regen Gedankenaustausches. Man hört von weisen Königen in den großen Städten Nordindiens und von heiligen Männern, die lehrend durch das Land zogen. Die Upanishaden zeigen wenig Interesse an der – sogar für sie – alten vedischen Opfersymbolik, welche nur mehr in den ältesten von ihnen deutliche Spuren hinterlassen hat. Sie sind Bücher, die nicht mehr auf gänzlich verschiedene Weise interpretiert werden können, da sie in ihren Hauptlehren klar und offen sind. Ihre Art zu denken ist der unseren außerdem weit näher als jene der Saṃhitas. Es ist schwer, sich der Kraft ihrer begeisterten Verse und der aus ihnen fließenden Inspiration zu verschließen. Sie reden niemals leere Worte, sind immer voll lebendiger Weisheit, und die innere Erfahrung und Erkenntnis schwingt noch in jedem Satz mit. Daher auch die Bedeutung, die sie für Wahrheitssucher und Philosophen Indiens in späterer Zeit oder für europäische Philosophen und Schriftsteller, allen voran die Romantiker und Schopenhauer, besaßen.

Die Upanishaden sprechen vom Selbst des Menschen, von der heiligen Silbe OM als Klangform Gottes, von der Schau des göttlichen Seins in allen Wesen und Dingen und der wesenhaften Identität des Individuums mit dem All und mit dem Absoluten: »*Tat tvam asi*«* – »Das bist du«. In

---

* *Chāndogyopaniṣad* VI.8.7 ff.

immer neuen Gleichnissen und Lehrsätzen, in kraftvollen Versen oder knapper Prosa werden diese Lehren von weisen Männern den Suchern nach der Wahrheit verkündet. Sie sind, wie die vedischen Samhitas, lange Zeit mündlich überliefert, das bedeutet, von Meister an Schüler weitergegeben worden und wurden erst sehr viel später aufgezeichnet. Und so wie *Veda* »das Wissen« bedeutet, kann man das Wort *Upaniṣad* als das Nahe-beim-Meister-Sitzen des Schülers, dessen Unterweisung lauschend, deuten.

*

Der dritte Teil des vorliegenden Werkes spricht über die Lehren der *Bhagavadgītā,* des »Gesanges Gottes« oder, wie Sri Chinmoy es übersetzt, des »Liedes der Höchsten Seele«. Die Gita, wie dieses Werk meist kurz genannt wird, ist ein einzelner Text von genau 700 Versen und keine ganze Literatur wie die vedischen Samhitas oder die Upanishaden.

Die Gita gehört, obwohl sie sich selber auch eine Upanishad nennt, einer späteren Zeit an, nämlich der Zeit der beiden großen Epen *Mahābhārata* und *Rāmāyana.* In dieser Zeit, in diesen beiden Epen ist jetzt zu beobachten, wie das alte Wissen, das seinen hohen Ausdruck in den geheimen Lehren der Upanishaden gefunden hatte, einem weiten Kreis von Menschen zugänglich gemacht wird. Die rein spirituellen Lehren sind jetzt in Texten wie der Bhagavadgita und dem *Mokṣadharma* jedermann verfügbar. Der Anwendung jener Lehren im Leben des weltlichen Menschen aber, als ethisches Ideal und als Verhaltensregel, vor allem in Form von Geschichten über edle und selbstlose Menschen, wird der größte Teil dieser Schriften gewidmet. Diese zahllosen Geschichten sind in die eigentliche Haupthandlung der großen Epen, die aller Wahrscheinlichkeit nach zumindest zum Teil auf geschichtliche Ereignisse zurückgeht, eingeflochten.

Den Inhalt der Bhagavadgita bildet die Unterweisung des göttlichen *Kṛṣṇa* (Krischna), gerichtet an seinen Gefährten und Schüler *Arjuna,* die diesem zu einer für ihn und ganz Indien schicksalsschweren Stunde zuteil wird. Der Kommentar Sri Chinmoys ist sehr ausführlich und folgt im übrigen genau der Kapiteleinteilung der Bhagavadgita selbst, es ist daher nicht notwendig, hier näher auf den Inhalt der Bhagavadgita einzugehen.

Die Gita gilt nicht nur als ein philosophisches Werk, das gewissermaßen eine Synthese verschiedener spirituell-philosophischer Strömungen seiner Zeit präsentiert. Sie ist ebenso ein großes literarisches Denkmal des Sanskrit. Ihre Diktion ist klar, ihre Sprache nicht unnötig kompliziert und dabei von großer Schönheit und Klangharmonie. Wie zu den Upanishaden wurden auch zur Bhagavadgita viele Kommentare verfaßt, vor allem von den philosophischen Schulen des Vedanta. Der berühmteste Kommentar zur Gita stammt von *Śaṅkara,* dem großen vedantischen Philosophen, der auch der Autor gleichermaßen berühmter Kommentare zu den Upanishaden ist. In unserer Zeit haben, neben Sri Chinmoy, B.G. Tilak, Sri Aurobindo und andere Kommentare zur Gita verfaßt.

*

In allen seinen Schriften und Vorträgen legt Sri Chinmoy großen Wert auf den durch das Medium der Sprache vermittelten inneren Gehalt eines Gegenstandes. Ihn interessieren wenig die Wenn und Aber des rein rationalen Denkens, um so mehr jedoch die intuitive, direkte und klare Erkenntnis aus dem Innern. Er verzichtet auf philosophische Diskussion und wissenschaftliche Darstellung und versucht den inneren Menschen ganz unmittelbar anzusprechen. Seine Schriften sind meditative Texte und sind voller Tiefe, die sich hinter der Einfachheit der Oberfläche verbirgt. Er erreicht dies nicht nur durch die Wahl seiner Themen und die weitgehende Weglassung bloß den Intellekt der Menschen begeisternder Einzelheiten und Konzepte, sondern ebenso durch seine ihm eigene Handhabung der Sprache – zumeist des Englischen. Seltener, bis jetzt ausschließlich in seinem lyrischen Werk, bedient er sich seiner bengalischen Muttersprache.

Er hat sich innerhalb des Englischen seine eigene Sprache und sein eigenes Begriffssystem geschaffen, bereits bestehende spirituelle Begriffe sanft umdeutend oder sie für spirituelle Gedankeninhalte oft erstmals nutzbar machend. Außerdem verwendet er häufig im Englischen unübliche Komposita und ebenso Symbole, die er beide aus dem reichen Erbe indischer Sprache herübergetragen hat. Dem fügt er sein eigenes tiefes Gefühl für Sprache und für ihre Kraft, spirituelle Inhalte auszudrücken, hinzu, und rang auf diese Weise dem Englischen die den indischen Sprachen bereits eigene Fähigkeit ab, wichtige, aber fein nuancierte spirituelle Gedanken und Emotionen auszudrücken. Man kann in ihm einen der großen Sprachschöpfer des heutigen Englisch sehen, auf jeden Fall aber befähigt er diese Sprache, ein brauchbares Medium des Mystikers, Yogis und spirituellen Aspiranten zu sein.*

Sich an die Grundtexte anpassend, verzichtet Sri Chinmoy in den vorliegenden Kommentaren zum Teil auf sein ganz eigenes Begriffssystem. Doch wie sonst auch ist seine Sprache von großer Einfachheit und Ausdruckskraft. Die Darstellungsweise ist klar und leicht verständlich. Und dennoch, vor allem im »Lied der Höchsten Seele«, ist der Ton häufig lyrisch und die Sprache reich und imaginativ. Man kann oft nicht umhin, den Klang des älteren Sanskrit in seinen Sätzen und Wörtern zu hören. Die Einfachheit, Prägnanz und Subtilität des Ausdrucks erinnert stark an die Verse der Upanishaden selber oder an die Klänge und leichtfüßigen Strophen der Bhagavadgita. Diese Sprache trifft den aufmerksamen Leser, wie das sonst eben das Sanskrit vermag, ins Innerste.

---

* Zu Sri Chinmoys Sprache und Lyrik siehe V. M. Bennett, Simplicity and Power, The Poetry of Sri Chinmoy 1971–1981, Diss., Melbourne 1982.

Sri Chinmoy wendet sich in Sprache und Lehre an den Wahrheitssucher in jedem Menschen, wissend, daß spirituelle Wahrheit nicht rational erfaßt, sondern nur in einem inneren Werden erkannt werden kann und gelebt werden muß. Und diese innere Erkenntnis zu vermitteln und voranzutreiben war auch die alleinige Absicht der Seher der Veden und Upanishaden und Krischnas in der Bhagavadgita.

FRANZ DAM

Der erste Ruf der Unsterblichkeit

Kommentar zu den Veden

Der vedische Vogel der Erleuchtung

Der Rigveda spricht von sieben außergewöhnlichen Schwestern. Es gibt einen göttlichen Wagen mit nur einem Rad, und dieser Wagen werde von einem Pferd mit sieben Namen gezogen, so läßt er uns wissen. Vor dem Wagen stehend, singen sieben Schwestern spirituelle Lieder. Während sie singen, enthüllen die sieben Schwestern die verborgene Botschaft von der Befreiung des Lebens und der Vollkommenheit der Menschheit (*Ṛgveda* I.164.3).

Die Sieben ist eine okkulte Zahl. In der spirituellen Welt kommt der Zahl Sieben eine besondere Bedeutung zu. In der grauen Vergangenheit gab es sieben große indische Seher, Seher, die die Wahrheit schauten, die Wahrheit lebten und zur Wahrheit wurden.*

Es gibt in Indien sieben wichtige Flüsse. Ein Fluß bedeutet Bewegung; Wasser bedeutet Bewußtsein. Die Bewegung des Bewußtseins ist ein stetiges Fortschreiten zum entferntesten transzendenten Sein.

Die Notenskala besteht aus sieben Noten, von denen jede einen ganz eigenen Gehalt hat. Musik ist die Muttersprache der Menschheit, und Gott ist der Höchste Musiker. Durch Musik können wir uns der allumfassenden Harmonie einfügen. Durch Musik wird Gottes Schönheit in seiner alliebenden Schöpfung offenbart.

---

* Die sieben Seher des Rigveda, genannt die *Āṅgirasaḥ* oder »die menschlichen Vorväter«, waren nach Sri Aurobindo die spirituellen Väter der Menschheit und wurden später deifiziert und verehrt. Sie entdeckten als erste das Licht und »reisten zu den geheimen Welten der leuchtenden Glückseligkeit«. Sie wären somit die großen Bahnbrecher im wahrsten Sinne des Wortes für alle nachfolgenden Generationen spirituell Suchender gewesen (vgl. Sri Aurobindo, The Secret of the Veda, Pondicherry 1971, S. 152ff. und S. 179ff.). Im Veda werden sie für die große Reise der Menschen zur Wahrheit und Unsterblichkeit angerufen. Es werden ihnen in Indien noch heute Speise- und Trankopfer dargebracht.

Aus sieben Farben setzt sich der Regenbogen zusammen. Diese Farben weisen auf die Stadien unserer spirituellen Reise zum höchsten Ziele hin. Wir alle wissen, daß ein Regenbogen das Zeichen von Glück und künftigem Fortschritt ist. In der spirituellen Welt ist jede Farbe des Regenbogens der Vorbote einer neuen Dämmerung des Lichts.

Es gibt sieben höhere Welten und sieben niedere Welten.* Ein spirituell strebender Mensch betritt eine der sieben höheren Welten und schreitet im inneren Leben voran. Sein strebendes Bewußtsein fliegt gleich einem Vogel von einer Welt zur anderen, bis er sich schließlich in der siebenten Welt, *Saccidānanda,* der Welt des Seins, des Bewußtseins und der Seligkeit wiederfindet. Bewußt und untrennbar wird er dort eins mit dem Höchsten Lenker. Wenn aber ein Mensch vorsätzlich und wissentlich Falsches, Abscheuliches begeht, wird er gezwungen, in eine der sieben niederen Welten, in eine Welt der Dunkelheit, der Knechtschaft und des Unwissens zu gehen.

Mutter Indien ist ein strebender Baum. Dieser strebende Baum hat die Veden allein zu seinen Wurzeln. Die Wurzel ist Wahrheit, der Baum ist Wahrheit, des Baumes Erfahrung ist Wahrheit, die verwirklichende Erkenntnis des Baumes ist Wahrheit, die Enthüllung des Baumes ist Wahrheit, und die Manifestation des Baumes ist Wahrheit.

Die vedischen Seher schauten die Wahrheit mit ihren Seelen – in ihren himmlischen Visionen wie in in ihrem irdischen Handeln.

Satyam eva jayate nānṛtam (*Muṇḍakopaniṣad* 3.1.6)
Wahrheit allein triumphiert, nicht die Falschheit.

---

* Im indischen mythologischen Schrifttum, den sogenannten *Purāṇas,* werden diese sieben Unterwelten *(Pātālas)* und die sieben höheren Welten (sie heißen normalerweise: *Bhū, Bhuva, Svar, Mahar, Jana, Tapas* und *Satya*) beschrieben. Unsere Welt *(Bhū)* ist die niederste der höheren Welten.

Diese Wahrheit lehrt uns, wie wir wahre Brüder der Menschheit, bewußte und hingabevolle Liebende Gottes und vollkommene Meister über die Natur sein können.

Die vedischen Lehren sind universell. Aus dem Yajurveda ersehen wir klar, daß die Lehren der Veden für alle, für die *Brāhmaṇas,* die *Kṣatriyas,* die *Vaiśyas,* die *Śūdras* und sogar für die *Caṇḍālas,* die Würdelosen und Verlassenen, gedacht sind.* Männer ebenso wie Frauen können die Veden studieren. Gott ist für alle, und so sind die Veden für alle.

In der vedischen Kirche ist niemand über- und niemand untergeordnet; alle sind gleich, alle sind die Kinder Gottes. Diese Kinder Gottes können im Herzen der Wahrheit leben und zum wahren Stolz Gottes werden.

Jeder vedische Seher ist ein Dichter und ein Prophet. Bei einem gewöhnlichen Poeten sind die Gedichte meist auf Imagination gegründet. Die Vorstellungskraft bringt seine Dichtung hervor. Im Falle der vedischen Dichter brachte die Intuition ihre Gedichte hervor. Diese Intuition ist die direkte Erkenntnis der Wahrheit. Und was die Propheten betrifft, so sehen wir sehr oft, daß die Weissagung eines gewöhnlichen Propheten sich auf einer Art unbekannten Mysteriums gründet. Aber im Falle der vedischen Propheten war dies nicht so. Ihre Weissagungen waren auf ihr vollständiges und bewußtes Gewahrsein direkter, unmittelbarer Wahrheit gegründet. Sie brachten diese dynamische Wahrheit nur ans Licht, auf daß sie in der kosmischen Manifestation wirken könne.

Die gegenwärtige Welt glaubt, der Verstand könne die höchste mögliche Erfahrung der Wirklichkeit vermitteln. Die vedischen Seher maßen dem Verstand gebührende Bedeutung zu, aber betrachteten ihn niemals als die Quelle der höchstmöglichen Erfahrung der Wirklichkeit.

---

* Sri Chinmoy spielt hier darauf an, daß in späterer Zeit *Śūdras,* Kastenlose und Frauen die Veden nicht mehr studieren durften.

Die Veden besitzen die ewige Weisheit. Sie ist für uns. Die Veden sind wirklich gewillt, uns zu unterweisen, wenn wir es nur wagen, auf ihre Botschaft zu hören.

Śṛṇvantu viśve amṛtasya putrāḥ (*Ṛgveda* X.13.1)
Hört, ihr Söhne der Unsterblichkeit!

Dies ist ihre großmütige Aufforderung.

Wenn wir im Denken leben und uns nicht außerhalb der Begrenzungen des Verstandes begeben wollen, bleiben wir in den Fesseln des Körpers gebunden. Wir verbleiben in Knechtschaft. Nur das Licht aus dem Innern und die Führung von oben können uns von der dichten Unwissenheit, die uns eingehüllt hat, befreien. Wenn wir im Verstande leben, leben wir im Gefüge der Form. Wenn wir aber in der Seele leben, gehen wir in das Formlose ein und gelangen schließlich jenseits von Form und Formlosigkeit. Wir werden dann zur weit wie das Universum gewordenen individuellen Seele und zur individualisierten Seele des Universums.

Die äußere Welt ist gleichbedeutend mit dem Verstand. Die innere Welt ist gleichbedeutend mit dem Herzen. Die Welt des ewigen, alles überragenden Seins ist gleichbedeutend mit der Seele. Die äußere Welt besitzt Vergangenheit, Gegenwart und Zukunft. Die innere Welt besitzt nur die leuchtende und erfüllende Zukunft. Die Welt alles übersteigenden Seins besitzt nur das ewige Jetzt. Wenn wir in der äußeren Welt leben, vernichtet uns das unwissende »Ich«. Wenn wir in der inneren Welt leben, erfüllt uns das erleuchtete »Ich«. Wenn wir aber in der Welt alles übersteigenden Seins leben, schließt uns das Unendliche »Ich« liebevoll in sich und offenbart und erfüllt uns. Wenn wir im Verstande leben, können wir nicht über das Urteil des Schicksals hinausgehen. Unser menschlicher Wille ist dem Schicksal ausgeliefert. Wenn wir aber in der Seele leben, verfügen wir über freien Willen. Dieser freie Wille ist der Wille des Höchsten Herrn. Es ist der Wille der Seele, welche sich unaufhörlich mit dem Willen des Unendlichen Transzendenten identifiziert.

Ob andere es nun glauben oder nicht, die Liebhaber der Veden wissen ganz genau, daß die Veden einen bedeutsamen Beitrag zur Welt der Literatur darstellen. Diese erhabenen Schriften sind nicht bloß von nationalem Interesse, denn sie besitzen internationale Inspiration und universelles spirituelles Streben. Eben weil sie international und universell sind, faszinieren und erleuchten sie zu allen Zeiten aufrichtige Sucher in verschiedenen Ländern.

Zu sagen, die Veden hätten einen nachteiligen Einfluß von Asketizismus und einer alleinigen Ausgerichtetheit auf das Jenseitige erfahren, heißt sein eigenes Unwissen zur Schau stellen.* Die Veden sind auf göttliche Weise zweckmäßig, und ihre Botschaft ist von stetigem praktischen Wert. Unnötig zu erwähnen, daß viele der vedischen Seher Haushälter waren, und viele ihrer Schüler kehrten am Ende ihrer Unterweisung nach Hause zurück, um ein Familienleben zu führen. Die Lehrer in den Sehern lehrten ihre Schüler das Geheimnis ewigen Lebens und nicht das Geheimnis endlosen Todes, welches wir von manchen die Zerstörung liebenden Lehrern der Wissenschaft lernen.

Die Veden haben keinen Platz für Niedergeschlagenheit, Unterdrückung, Selbstkasteiung und das ständige Gewahrsein von Sünde und Hölle. Die Veden verkörpern die göttliche Pflicht des irdischen Lebens und die ewig wachsende Schönheit des himmlischen Lebens. Die vedischen Seher nahmen das Herz des Lebens an, um die höchste Wirklichkeit auf Erden zu gründen. Die vedischen Seher nahmen den todgeweihten Körper an, ihn in das Land der Unsterblich-

---

* Der so bekannte indische Asketizismus und Illusionismus (die Welt als Illusion, *Māyā*) hat erst in sehr viel späterer Zeit große Verbreitung gefunden, beginnend mit dem Buddhismus und dann im Hinduismus selbst vor allem mit dem großen vedantischen Philosophen *Śaṅkara*.

keit zu tragen. Die Inspiration des klaren Denkens mochten sie. Das sehnsüchtige Streben des reinen Herzens liebten sie. Und die Verwirklichung der unfehlbaren Seele wurden sie.

Das leuchtende Bewußtsein vedischer Wahrheit

In vedischen Zeiten lebten die Menschen mit der Natur und spielten mit der Intuition. Die moderne Welt lebt mit der öden Wüste des Verstandes und spielt mit der Frustration des Körpers und der Verwüstung der Lebenskraft. In jenen Tagen war das Leben einfach, und das Herangehen des Lebens an das Ziel war direkt. Jetzt ist des Menschen Leben kompliziert, und der Mensch trägt zwei Namen: Leblose Maschine und Aufdringlicher Lärm.

Spontane Intuition war die Weisheit der Vergangenheit. Ständiges Mißtrauen ist die Weisheit der Gegenwart. Im vedischen Zeitalter wußten die Menschen um die göttliche Kunst der Selbstverleugnung und Selbsthingabe, wie wir heute um die menschliche Kunst der Selbstverherrlichung und Weltzerstörung wissen. Sie befaßten sich zuerst mit der Vervollkommnung ihrer selbst und dann mit der Vervollkommnung der Welt. Wir aber befassen uns gar nicht mit der Vervollkommnung von uns selbst, wir befassen uns nur mit der Vervollkommnung der Welt. Sie waren überzeugt, daß Selbstdisziplin sie befreien würde. Wir meinen, Selbstdisziplin schränke uns ein. Sie wußten, daß Selbstdisziplin nicht der Zweck, sondern ein Mittel zum Zweck sei, und dieser Zweck war *Ānanda,* Glückseligkeit. Wir wissen ebenfalls, daß Selbstdisziplin nicht der Zweck ist, sondern ein Mittel zum Zweck, aber für uns ist, ach, der verhängnisvolle Zweck die Selbstzerstörung. Die vedischen Seher brauchten Freiheit. Wir brauchen Freiheit ebenso. Für sie war Freiheit Weihung an das Göttliche Leben und an das ewig sich selbst überragende Jenseits. Für uns ist Freiheit, anderen unsere eigene Kraft der Wirklichkeit aufzuerlegen.

Es gibt vier Veden: den *Ṛgveda* (Rigveda), den *Sāmaveda*, den *Yajurveda* und den *Atharvaveda*. Der *Ṛgveda* besteht aus 10 552 Mantren. *Mantra* bedeutet Beschwörung oder einfach Strophe. Der *Sāmaveda* besteht aus 1875 Mantren, der *Yajurveda* aus 2086 und der *Atharvaveda* aus 5987. Eine gewisse Anzahl der Verse des *Ṛgveda* ist ebenfalls in den anderen drei Veden zu finden. Die meisten Mantren in den Veden sind in der Form klarer Lyrik abgefaßt, außer wenigen, die in gedankentiefer, rhythmischer Prosa geschrieben sind. Die Veden bergen die früheste Poesie und Prosaliteratur der suchenden, strebenden und sehnsüchtigen menschlichen Seele. Wer denkt, die vedische Poesie sei primitiv und die vedische Literatur unbedeutend, dem mangelt es zweifellos an Klarheit des Denkens. Wie könnte primitive Dichtung der ganzen Welt solch erhabene und überdauernde Weisheit schenken?

Der Körper der vedischen Dichtung ist Einfachheit.
Die Lebenskraft der vedischen Dichtung ist Aufrichtigkeit.
Der Verstand der vedischen Dichtung ist Reinheit.
Das Herz der vedischen Dichtung ist Klarheit.
Die Seele der vedischen Dichtung ist Helligkeit.

Es gibt zwei Arten, die Veden zu studieren. Wenn wir die Veden mit dem Verstand studieren, werden wir ständig von der strengen Wachsamkeit des Gewissens gemahnt. Wenn wir die Veden mit dem Herzen studieren, werden wir unaufhörlich von der strömenden Spontaneität leuchtenden Bewußtseins beseelt. Die Errungenschaft des Verstandes ist ein Gelehrter der Veden. Die Errungenschaft des Herzens ist ein die Veden Liebender. Der Gelehrte versucht die Welt zufriedenzustellen, ohne selbst zufrieden zu sein. Der Liebende nährt die Welt mit dem Licht erleuchtender Offenbarung und dem Entzücken erfüllender Vollkommenheit.

Es gibt in den Veden zwei Wörter, welche so bedeutend

wie die Veden selbst sind. Diese zwei Wörter sind *Satya* und *Ṛta*, »ewige Wahrheit« und »ewiges Gesetz«. Erkenntnis und Wahrheit umfassen einander. Offenbarung und Gesetz erfüllen einander. Wenn wir die Wahrheit nicht leben, können wir das Ziel nicht erreichen. Wenn wir dem Gesetz nicht Folge leisten, können wir nicht zum Ziel werden.

Die vedischen Seher akzeptierten die Gesetze anderer nicht bloß mit der Offenheit ihrer Herzen, sondern ebenso mit dem Einssein ihrer Seelen. Sie sahen den Einen in den Vielen und die Vielen in dem Einen. Sie glaubten nicht, allein ein Anrecht auf das Absolute zu haben.

Satyam eva jayate nānṛtam (*Muṇḍakopaniṣad* 3.1.6)
Wahrheit allein triumphiert, nicht die Falschheit.

Asato mā sad gamaya
Tamaso mā jyotir gamaya
Mṛtyor māmṛtaṃ gamaya (*Bṛhadāraṇyakopaniṣad* 1.3.28)
Führe mich vom Unwirklichen zum Wirklichen.
Führe mich von der Dunkelheit zum Licht.
Führe mich vom Tod zur Unsterblichkeit.

Unwirklichkeit ist Unwahrheit, und Wirklichkeit ist Wahrheit. *Satya* wird vom reinen Herzen angerufen, *Ṛta* von der tapferen Lebenskraft. Die Liebe zur Wahrheit nimmt uns von der Dunkelheit hinweg. Die Liebe zur Göttlichen Ordnung trägt uns vom menschlichen Körper zum göttlichen Leben.

Das innere Offenbarungsfeuer

Warum schätzen wir die Lehren der Veden? Wir schätzen diese Lehren hoch, weil sie uns anspornen, uns zu erheben und über das Bewußtsein des Körpers hinauszugehen. Der Rigveda beseelt uns mit der Idee, die Welt groß und vollkommen zu machen. Der Samaveda ermutigt uns, mit der göttlichen Melodie und dem kosmischen Rhythmus eins zu werden. Der Yajurveda enthüllt uns: »Mögen unsere Leben erfolgreich sein durch Selbstaufopferung. Möge unser Lebensatem gedeihen durch Selbstaufopferung.« Der Atharvaveda ermutigt uns, auf dem Weg ununterbrochenen Fortschritts voranzuschreiten. Er sagt, *Bṛhaspati*, der Guru der kosmischen Götter, leite und führe uns.

Die vedischen Seher sahen Furcht in der äußeren Welt und fühlten Freiheit in der inneren Welt. Sie wollten die Freiheit der inneren Welt durch spirituelles Streben hervorkommen lassen. Im Atharvaveda haben uns die Seher ein bedeutendes Gebet gegeben: »Mögen wir furchtlos sein gegen jenes, das wir nicht kennen, und gegen jenes, das wir kennen« (vgl. *Atharvaveda, Paippalādasaṃhitā* III.35.5 + 6).

Furcht vor der Dunkelheit ist Furcht vor dem Unbekannten.
Furcht vor dem Licht ist Furcht vor dem Bekannten.
Furcht vor dem Unbekannten ist Dummheit.
Furcht vor dem Bekannten ist Sinnwidrigkeit.

Was wir brauchen, ist der Seelenwille. Dieser Seelenwille ist Freiheit in Gott.

Uru ṇas tanve tan
Uru kṣayāya nas kṛdhi
Uru ṇo yaṃdhi jīvase (*Ṛgveda* VIII. 68.12)

Dieser feurige Ausspruch des Rigveda bedeutet: »Freiheit für unseren Körper. Freiheit für unser Heim. Freiheit für unser Leben.«

Die vedische Lebensweise kann nicht vom Ritual gesondert werden. In vedischen Zeiten machten Rituale einen wesentlichen Teil des Lebens aus. Durch das Ausführen von Ritualen machten Sucher in der vedischen Ära beträchtlichen Fortschritt. Im Rigveda sehen wir jedoch eine stärkere Gewichtung auf mentale und innere Philosophie denn auf Rituale. Diese Kombination von Ritual und philosophischer Weisheit ist der Reichtum vedischer Kultur.

Hingabe und Gottweihung nehmen im Ritual Gestalt an. Spirituelles Streben und Meditation nehmen in philosophischer Weisheit Gestalt an. In jenen Tagen disziplinierte und regelte das Ritual das Leben. Im Herzen der Philosophie wurde das Licht entdeckt. Im Körper des Rituals wurde das Licht offenbart.

Die Veden sprechen im Besonderen von drei Welten: *Pṛthivī*, der Erde; *Antarikṣa*, dem Luftraum; *Dyaus*, der himmlischen Region.* Auf der Erde bedeutet Materie alles. Im Luftraum bedeutet göttliche Aktivität alles. Im Himmel bedeutet Gefühl alles.

Dichtung und Philosophie gehen im Veda Seite an Seite einher. Philosophie erleuchtete das Denken der vedischen Seher, und Dichtung machte ihre Herzen unsterblich. Der Philosoph ist ein Dichter im Verstand. Der Dichter ist ein Philosoph im Herzen. Der Philosoph mag gerne äußere Religion und innere Wissenschaft, und der Dichter liebt äußere Kunst und innere Literatur. Der Philosoph sagt zum Dichter: »Ich gebe dir meinen kostbaren Reichtum: Weisheit, das beständige und bewußte Instrument der Intuition.« Und der Dichter sagt zum Philosophen: »Ich gebe dir meinen kostbaren Reichtum: meine ergebene Einheit mit dem Leben des Lichts.«

Viele Seher haben die Wahrheit geschaut, aber wenn sie die Wahrheit offenbaren, stimmen ihre Enthüllungen sehr oft nicht überein. Und es ist wahrhaft bedauerlich, daß bei verschiedenen Anlässen, unter verschiedenen Umständen, ihre eigenen Offenbarungen derselben Wahrheit alles andere als übereinstimmend sind. Da müssen wir wissen, daß die Unterschiede nur in der Erkenntnis und Offenbarung der Wahrheit bestehen. Es kann keinerlei Unterschiede in der Wahrheit selbst geben. Warum finden sich dann Unter-

---

* Dies ist eine der bekannten Aufzählungen verschiedener Welten, welche Abstufungen des Aufbaus des äußeren und inneren Universums darstellen, die im Veda gegeben werden.

schiede? Die Unterschiede finden sich, weil die menschliche Individualität und Persönlichkeit die Wahrheit nicht so sehen, wie sie gesehen werden muß. Wenn die menschliche Persönlichkeit und die menschliche Individualität aufgelöst werden, verbleibt die Wahrheit als eine einzige, in der Erkenntnis wie in der Offenbarung. Es erübrigt sich, zu erwähnen, daß die Veden die unmittelbare Offenbarung der Erleuchtung der Seher sind und nicht Geschenke aus den unbekannten Himmelsräumen über uns.

Es gibt Leute, die denken, daß die Veden nur von Spiritualität und nicht von Wissenschaft handeln. Sie liegen damit falsch. Fortgeschrittene Sucher und spirituelle Meister sind der Meinung, daß sich im Yajurveda viele wissenschaftliche Wahrheiten fänden, welche die moderne Wissenschaft noch nicht entdeckt oder anerkannt hat. Auf das wissenschaftliche Wissen des Atharvaveda kann ebenfalls nicht herabgeblickt werden. Die vedischen Seher hatten Kenntnis vom Vorgang der Wolkenbildung. Sie wußten vollkommen um die verschiedenen Jahreszeiten. Sie kannten die Wissenschaft der Arithmetik und arbeiteten mit Größen von Millionen, Milliarden und Billionen. Im Yajurveda gibt es etwas noch Eindrucksvolleres. Wir haben dort Zeugnisse vom Vorhandensein von Flugzeugen.* Die vedischen Seher pflegten wirklich ununterbrochene Flüge über Hunderte von Meilen zu machen. Sie kannten ebenso die Geheimnisse der Geologie, Medizin und anderer Wissenschaften. Und all das vor viertausend Jahren!

Die Veden wurden in viele Sprachen übersetzt und bewundert und geschätzt von vielen Fremden. Der große deutsche Philosoph Schopenhauer betrachtete die Upani-

---

* *Yajurveda, Vājasaneyisaṃhitā* 17.59; Evidenz solcher Fluggeräte *(vimānas)* gibt es auch in anderen vedischen Texten und vor allem in späteren Schriften; zu allen diesen vgl. D. K. Kanjilal, Vimana in Ancient India, Kalkutta 1985.

shaden als Trost und Erleuchtung seines Lebens.* Wir wissen, daß die Upanishaden die machtvollsten und erleuchtendsten Sprößlinge der Veden sind. Aber es liegt viel Wahrheit in dem Ausspruch, eine Übersetzung könne dem Original nicht völlig gerecht werden. Im Falle der Veden ist dies sicherlich wahr. Viele Menschen haben die Veden übersetzt, aber wie aufrichtig und hingegeben sie auch arbeiteten, ein beträchtliches Maß der vedischen Schönheit ging dabei verloren.

Es gibt vier Veden: den *Ṛgveda*, den *Yajurveda*, den *Sāmaveda* und den *Atharvaveda*. Der *Ṛgveda* hat in der Hauptsache mit den Formen des Gebetes zu tun. Der *Yajurveda* befaßt sich mit Opfersprüchen. Der *Sāmaveda* handelt von Musik und der *Atharvaveda* von Medizin, Wissenschaft und magischen Formeln. Im *Ṛgveda* nimmt die Botschaft menschlicher Entwicklung ihren Anfang. Der *Ṛgveda* enthüllt uns die Bedeutung des Daseins und des Beitrags des Menschen zur Welt. Der *Yajurveda* lehrt uns das Universum zu beherrschen. Dieser Veda legt dem mechanischen Aspekt der Opfer mehr Gewicht bei als deren spirituellem Aspekt. Der *Sāmaveda* lehrt uns, auf welche Weise göttliche Musik unser strebendes Bewußtsein in die höchste Sphäre der Seligkeit erheben kann, und macht uns zu bewußten Kanälen Gottes, des Höchsten Musikers, für die Umwandlung menschlicher Dunkelheit in göttliches Licht, menschlicher Fehlerhaftigkeit in göttliche Vollkommenheit, menschlicher Undenkbarkeiten in göttliche Unvermeidlichkeiten und menschlicher Träume in göttliche Wirklichkeiten. Der *Atharvaveda* lehrt uns, die Geister und niederen Gottheiten zu beherrschen und wie wir uns vor üblen Geistern und zerstörerischen Wesen schützen können.

---

* Siehe das genaue Zitat dieser Bemerkung Schopenhauers auf S. 44f.

Der Rigveda

Der Rigveda *(Ṛgveda)* ist der älteste aller Veden. Die meisten jener, welche die Veden studieren, sind der Meinung, der Rigveda sei der inspirierendste, seelenvollste und reichhaltigste Veda. Dieser Veda stellt das früheste Monument der spirituellen Sehnsucht und Erkenntnis Indiens dar. Indiens Poesie und Philosophie, Indiens Literatur, Indiens Religion und Wissenschaft verdanken alle ihr bloßes Dasein dem Rigveda, der ihr Ursprung war.

Wenn es darum geht, zwischen Qualität und Quantität zu wählen, sehnen sich die Weisen nach Qualität, und die Unwissenden schreien nach Quantität. Höchste Qualität und größte Quantität sind fast niemals vereint. Aber der Rigveda übertrifft in eindrucksvoller Weise die anderen drei Veden an Quantität wie Qualität. Der Yajurveda, der Samaveda und der Atharvaveda haben eine beträchtliche Menge an Reichtümern dem Rigveda entnommen.

Im Rigveda werden die Götter als Personifikationen der Naturmacht angesehen. Die Seher rufen die kosmischen Götter mit dem Gebet ihres Herzens und der Hingabe ihres Lebens an. Man nahm an, daß es 33 dieser Götter gäbe. Jeder Gott hatte seinen eigenen Ursprung; sie traten nicht alle zur selben Zeit ins Dasein. Man sagt, daß sie zuerst die menschliche Inkarnation annahmen und Sterbliche waren wie wir jetzt. Aber durch Trinken von *Soma,* dem Nektar, wurden sie unsterblich. Auf der subtilen physischen Ebene behalten sie die Quintessenz ihrer physischen Form und irdischen Erscheinung bei. Einige sind Krieger, während andere Priester sind. *Indra* ist der vorderste Führer der Krieger, und *Agni* ist der höchste Führer der Priester.

Macht sind sie. Stärke sind sie. Manche besitzen die Macht von Stille und Frieden, während anderen die Kraft von Licht und Wonne eigen ist. Unaufhörlich fochten sie gegen die schrecklichen Kräfte des Bösen, und schließlich errangen sie den Sieg.

Die Götter des Rigveda sind gütig und voll des Mitleids. Mit ihrer grenzenlosen Güte und ihrem unendlichen Mitleid erfüllen sie die Wünsche der materieliebenden Welt und die Sehnsüchte des den Göttlichen Geist anrufenden Lebens. Sie leben an verschiedenen Orten: Himmel, Luft und Erde. Der Himmel ist die Heimat von *Viṣṇu, Varuṇa, Sūrya, Mitra* und einigen wenigen anderen. Die atmosphärische Region ist für *Indra, Rudra,* die *Maruts* und andere. *Agni* und *Bṛhaspati* sind wohlbekannt unter jenen, die als irdische Götter betrachtet werden.*

Im Rigveda sehen wir die lautere Gegenwart von Hingabe und die sichere Gegenwart von Wissen. Hingabe lehrt uns, wie süß und mitleidsvoll Gott ist. Wissen lehrt uns, wie hoch und groß Gott ist. Hingabe und Wissen finden ihre vollständige Erfüllung nur im Dienen. Dienst ist Konzentration. Hingabe ist Gebet. Wissen ist Meditation. Konzentriertes Dienen, hingebungsvolles Gebet und erleuchtete Meditation allein können uns in göttlicher Weise groß und in höchster Weise vollkommen machen.

Gemäß den Veden ist Handeln ein überaus wesentlicher Teil des Lebens. Handlung ist die bewußte Annahme unseres irdischen Daseins. Handlung benötigt den Körper, der ihr Tempel und ihre Festung ist. Handlung braucht das Leben, welches ihre Inspiration und ihr Streben ist. Ein Mensch der Tat ist ein vollendeter Held auf dem Kampfplatz des Lebens. Er lebt mit Gottes menschlichem Körper, der Erde, und arbeitet für Gottes göttliches Leben, den

---

* Nach anderen Werken Sri Chinmoys (vor allem: »The Dance of the Cosmic Gods«, New York 1974) besitzen die Götter folgende Bedeutungen oder sind Personifizierungen folgender Prinzipien: *Viṣṇu* ist allumfassendes Bewußtsein und göttliches Mitleid. *Indra* ist erleuchtete, dynamische Lebenskraft. *Agni* ist spirituelles Streben und innere Willenskraft. *Rudra* ist göttliche Macht und der Kämpfer gegen die Unwissenheit, aber zugleich Mitleid und Friede. *Sūrya* ist das Licht der Erleuchtung und Befreiung.

Himmel. Handlung ist äußeres Opfer und inneres Einssein. Der Rigveda schenkt uns ein erhabenes Geheimnis, nämlich das Wissen darüber, welche Art von Opfer wir kraft unseres Einsseins vollbringen können. Im Handeln sehen wir die universelle Gegenwart Gottes. Im Handeln verkörpern wir den Geist und offenbaren die Form. Im Geist ist Gott der Absolute. In der Form ist Gott der Unendliche. Der Rigveda sagt von Gott der Macht:

Tvam Indra balād adhi sahaso jāta ojasaḥ ... (*Ṛgveda* X.153.2)
O Gott, das Dasein beruht auf Stärke, Mut und Energie.
O Mächtiger, Du bist die Stärke selbst.

Um Gott umfassend auf der Erde zu manifestieren, muß der Sucher lange leben.

Aum bhadraṃ karṇebhiḥ śṛṇuyāma devāḥ* ... (*Ṛgveda* I.89.8)
O kosmische Götter,
mögen wir mit unseren Ohren hören,
was gut und glückverheißend ist.
Mögen wir mit unseren Augen sehen,
was gut und glückverheißend ist.

Aber bloß ein langes Leben zu leben, das der Göttlichkeit ermangelt, ist nichts weiter als bare Unwissenheit.

Die Seher des Rigveda betrachten Gott als den ewigen Vater, die ewige Mutter und den ewigen Freund. Sie fühlen auch, daß Gott ihr Geliebter ist. Gott hat viele Aspekte, aber ein hingabevoller Seher bevorzugt Gottes Aspekt als Herr. Er betet zu seinem Herrn um Mitleid und Segnung. Wenn er Gottes Liebe und Gott die Liebe besitzt – weiß er –, benötigt er nichts sonst, weder von der Erde noch vom Himmel.

Die Seher des Rigveda sind die Lehrer der Menschheit. Die Götter des Rigveda sind die Erlöser der Menschheit.

---

* Sri Chinmoy schreibt gewöhnlich »AUM« anstatt »OM«, da im Sanskrit o ein Diphthong, gebildet aus a und u, ist und dadurch der dreifache Aspekt von »AUM« bzw. »OM« betont wird.

Die Lehrer lehren die Welt die Botschaft des Lichtes und der Liebe. Die Erlöser heilen die nichtstrebende, blinde und taube Welt und helfen den wahren Suchern. Die Seher des Rigveda sind die Erbauer der hinduistischen Kultur und der hinduistischen Zivilisation. Sie verkörpern das Dämmern hinduistischer Inspiration und den Mittag hinduistischen Strebens. Sie bieten der ganzen Welt die höchste Bedeutung der Religion dar. Nach ihnen ist Religion das Gesetz des inneren Lebens. In jeder Religion ist der Liebeszweig des Wahrheitsbaumes. Die Götter des Rigveda lehren uns, das Leben mit Liebe anzunehmen, uns des Lebens durch Entsagung zu erfreuen und das Leben mit der Überantwortung an den Willen des Absoluten zu erfüllen.

Die Veden sagen uns, daß wir das Vieh der Götter seien. Unglücklicherweise sehen wir uns jetzt genötigt, uns als Sklaven der Maschine zu betrachten. Laßt uns streben. Unser spirituelles Streben wird uns einmal mehr zum Vieh der Götter machen. Später wird unsere Erkenntnis und Verwirklichung uns zu Lämmern der Götter machen. Schließlich wird unsere Manifestation uns zu Löwen des Erhabenen Absoluten machen.

Strebsamkeit haben wir.
Verwirklichung brauchen wir.
Manifestation brauchen Gott und wir gemeinsam.

Das Lied des Unendlichen

Die Veden sind die ältesten Schriften in der Bibliothek der bewußt sich entwickelnden Menschheit. Zugunsten unserer eigenen bewußten Entwicklung mögen wir von Max Müllers* Ermutigung angespornt werden, die Veden zu lesen:

---

* Friedrich Max Müller (1823–1900) war der vielleicht größte deutsche Indologe des 19. Jahrhunderts. Er hatte eine Professur für vergleichende Sprachwissenschaft in Oxford inne und trat unter

»Ich behaupte, daß für jeden, der auf sich, seine Vorfahren, seine Geschichte und seine intellektuelle Entwicklung hält, ein Studium der vedischen Literatur unumgänglich ist.«

Die Veden beinhalten in sich intuitive Visionen, göttliche Erfahrungen und das Leben erhellende Wirklichkeiten. Vom Meer der Unwissenheit müssen wir uns in das Meer des Wissens begeben. Der Rigveda ermutigt uns, indem er sagt: »Die Schiffe der Wahrheit tragen Menschen guter Taten über den Ozean der Unwissenheit« (*Ṛgveda* IX.73.1).

Das gegenwärtige menschliche Leben ist nichts als eine endlose Verzweiflung. Aus der Falle der Verzweiflung zu entweichen ist beinahe unmöglich. Doch der Yajurveda bietet uns eine Lösung an: »Wer alles Dasein im Selbst und das Selbst in allem Dasein erblickt, geht nicht in die Falle vernichtender und schwächender Verzweiflung.«

Die Veden sind universell, darum kann sie der Westen ebenso für sich beanspruchen wie der Osten. Auf den amerikanischen Philosoph Henry David Thoreau wirkten die Veden »wie das Licht eines höheren und reineren Himmelskörpers, der eine erhabene Bahn durch reinere Sphären zieht, frei von Besonderheiten, einfach und universell«, und William Jones behauptete, »ohne ein Blatt von den unvergänglichen Lorbeeren unseres unsterblichen Newton pflükken zu wollen, daß seine ganze Theologie und ein Teil seiner Philosophie in den Veden gefunden werden kann«.

Das vedische Gebot für das menschliche physische Wesen ist *Śaucam. Śaucam* bedeutet Reinheit – Reinheit im Körper und die Reinheit des Körpers. Ohne die Reinheit des Körpers kann sich nichts Göttliches in uns entfalten und kann nichts Göttliches in uns Bestand haben.

Das vedische Gebot für das menschliche vitale Wesen ist *Ahiṁsā. Ahiṁsā* bedeutet Gewaltlosigkeit – Gewaltlosigkeit

---

anderem mit seiner Edition und Übersetzung des Rigveda und als Herausgeber einer Reihe von Übersetzungen alter Schriften (»Sacred Books of the East«) hervor.

im vitalen Wesen und Gewaltlosigkeit des vitalen Wesens. Gerade von der Gewaltlosigkeit erhält der Mensch seine größte Gelegenheit, zu fühlen, er gehöre nicht einer kleinen Familie, sondern der größten Familie von allen an: dem Universum. Indiens Philosophie der Gewaltlosigkeit wurde zuerst vom mitfühlenden ehrwürdigen Buddha und seinen Anhängern praktiziert. Und Gandhis Gewaltlosigkeit war ein überaus wertvolles Geschenk an die das Leben liebende Menschheit der Gegenwart.

Das vedische Gebot für den menschlichen Verstand ist *Satyam. Satyam* bedeutet Wahrheit oder Wahrhaftigkeit. Wahrhaftigkeit im Verstand und Wahrhaftigkeit des Verstandes allein kann uns zu einem Leben erleuchtender Göttlichkeit und erfüllender Unsterblichkeit führen.

Das vedische Gebot für das menschliche Herz ist *Īśvarapraṇidhāna. Īśvarapraṇidhāna* bedeutet des Herzens liebende Hingabe an den Höchsten Herrn. Wenn wir reine und spontane Hingabe an den Erhabenen Herrn besitzen, fühlen wir unser untrennbares Einssein mit Ihm, mit der Ewigkeit Seines Geistes, mit der Unendlichkeit Seines Körpers und der Unsterblichkeit Seines Lebens.

In den Veden tritt der Gedanke des Opfers sehr stark hervor. Wir opfern Gott, was wir haben: Unwissenheit. Gott opfert uns, was er ist: Vollkommenheit. Gottes Opfer ist immer bedingungslos. Unser Opfer ist manchmal bedingt und dann wieder bedingungslos. In bedingtem Opfer kämpfen wir und gewinnen die Schlacht. In bedingungslosem Opfer müssen wir überhaupt nicht kämpfen, denn der Sieg ist bereits errungen. Sieg ist unser Geburtsrecht, er ist für immer unser.

Opfer ist Selbstdarbringung. Selbstdarbringung ist Selbsterfüllung. Selbsterfüllung ist die Manifestation der Liebe und die Vollkommenheit in der Wahrheit. Durch unser äußeres Opfer werden wir zu einem göttlichen Teil von Mutter Erde. Durch unser inneres Opfer werden wir zu einem unsterblichen Teil von Vater Himmel. Wir vollziehen das äußere Opfer, wenn wir aus dem Reich bindender Wünsche heraus- und in das Reich befreienden spirituellen Strebens hineintreten. Wir vollziehen das innere Opfer, wenn wir versuchen, Gott in der Welt der Unwissenheit zu manifestieren, nachdem wir die Gottverwirklichung erlangt haben. Das äußere Opfer verlangt die Stärke eines Helden. Das innere Opfer verlangt die Macht einer Armee. Durch unser äußeres Opfer schauen wir die Wahrheit. Durch unser inneres Opfer werden wir zur Wahrheit.

Intuitionslicht aus den Veden

Gelehrte wie jene, die den Veda studieren, sind sich uneinig bezüglich des Ursprungs der Veden. Ich halte diese Diskussion für töricht. Die Veden sind so alt wie das bewußte spirituelle Streben des Universums. Aber das Universum entwickelt sich bewußt oder unbewußt zur Vollkommenheit hin, währenddessen die Veden den Beginn beseelender Vollkommenheit und das endliche Ziel, die erleuchtende Verwirklichung, beinhalten.

Wenn wir sagen, die Veden seien ewig, meinen wir nicht, die vier Schriften hätten keinen Anfang und kein Ende. Was wir meinen, ist, daß die wahre Bedeutung der Veden, das Wissen um Gott, weder Anfang noch Ende hat. Die Veden sind die unmittelbaren Erfahrungen und Enthüllungen der *Ṛṣis* der fernen Vergangenheit. Diese Erfahrungen können von jedem aufrichtigen Sucher nach der Wahrheit zu jeder Zeit und an jedem Ort gemacht werden.

Ungleich anderen Schriften haben die Veden das aufrichtige und mutige Herz, zu sagen, sie seien nicht unentbehrlich, ja nicht einmal wichtig. Was wirklich wichtig und höchst unentbehrlich ist, sagen sie, sei die Verwirklichung Brahmans, des Einen ohne ein Zweites. Dennoch müssen wir die Veden, wollen wir sie studieren, mit Hilfe eines weisen Lehrers studieren. Die Veden weisen selbst den Sucher an, sich einem Lehrer zuzuwenden. Sie sagen auch, daß man an einen Lehrer mit einem Herzen der Demut und einem Leben gottgeweihten Dienstes herantritt.

Karma, was »Arbeit« oder »Dienst« bedeutet, und *Jñāna,* »Wissen«, sind die vornehmlichsten Lehren der Veden. Durch *Jñāna* erkennen wir die absolute Wahrheit, und durch *Karma* manifestieren wir unsere Erkenntnis.

Gemäß den Veden gibt es vier wichtige Abschnitte im Leben: das Leben als Schüler, das verheiratete Leben, das Leben der Abgeschiedenheit und das Leben der Entsagung. Das Leben des Schülers ist Selbstdisziplin. Das verheiratete Leben ist Selbstbeherrschung und selbst auferlegte Ordnung. Das Leben der Abgeschiedenheit ist Frieden und Ruhe, und das Leben der Entsagung ist die Darbringung dessen, was man hat und ist, an den unbedingten Allerhöchsten.

Ekaṃ sad viprā bahudhā vadanti (*Ṛgveda* I.164.46)
Das Sein der Wahrheit ist eines.
Die Weisen benennen es mit verschiedenen Namen.

Dieses Sein der Wahrheit wird von jedem Sucher nach der unendlichen Wahrheit gemäß seiner eigenen inneren Entwicklung verschieden erfahren und verwirklicht. Wegen dieser erhabenen Botschaft aus den Veden allein ist Indiens religiöses Herz weit und universell. Indiens spirituelles Herz weiß darum, andere Religionen anzunehmen, andere Religionen zu schätzen und zu bewundern. Indiens spirituelles Herz hat erkannt, daß es für jede neue Religion eine neue Art der Annäherung an das Ziel gibt. Jeder Weg ist richtig und unentbehrlich für jene, die ihm folgen.

Um die höchste Wahrheit zu verwirklichen, benötigen wir drei Dinge: Inspiration, spirituelles Streben und Intuition. Inspiration fordert uns auf, auf das Ziel zuzulaufen. Spirituelles Streben fordert uns auf, die Wahrheit unmittelbar zu sehen und zu fühlen und zum innersten Wesen der Wahrheit heranzuwachsen.

Das Wort *Saramā* versinnbildlicht die Intuition. *Saramā* ist die Hündin des Himmels, die in die Welt der Unbewußtheit eindringt und deren verborgene Schätze entdeckt: Licht und Glückseligkeit. *Saramā* ist der Anbruch der Wahrheit in einem gottgeweihten Körper, einem dynamischen Wesen und einem sehnsüchtigen Herzen. *Saramā* und der direkte Weg gehören zusammen. *Saramā* folgt dem direkten und sonnenerleuchteten Pfad und erreicht die Wahrheit. Dem Pfad der Furcht und des Zweifels, des Irrtums und des Schreckens folgt *Saramā* niemals. *Saramā* dringt heimlich und behutsam in das Herz der Erleuchtung ein und spaziert offen und mutig im Leben der Offenbarung, so daß die feindlichen Kräfte ihrem Fortschritt weder entgegenarbeiten noch ihn zunichte machen können. Damit das Wahrheitsbewußtsein im ganzen von allen Suchern verwirklicht werden kann, saust *Saramā* zwischen dem Ruf der Erde und dem Lächeln des Himmels hin und her. *Saramā* ist der Sucher nach dem Wahrheitsbewußtsein. *Saramā* ist die Liebende, die das bewußte Aufsteigen der Erde und das erleuchtende Herabkommen des Himmels liebt. *Saramā* ist die Spielende, die in der inneren Welt mit der Schau des Sehers und in der äußeren Welt mit der Inspiration des Anfängers spielt.

Die Veden sind zugleich der Himmel des Lichts und das Meer der Glückseligkeit. Der Lichthimmel ist die unendliche Weite der Wahrheit. Das Glückseligkeitsmeer ist die Unermeßlichkeit der Wahrheit. Licht und Glückseligkeit sind ewige Läufer. Manchmal kommt Licht vor Glückseligkeit, manchmal Glückseligkeit vor Licht. Wenn Licht das Erdbewußtsein berührt, wird die Erde in göttlicher Weise umgewandelt. Wenn Glückseligkeit das Erdbewußtsein berührt, wird die Erde in höchster Weise erfüllt.

Licht ist die Geburt Gottes.

Glückseligkeit ist das Leben Gottes.

Licht ist das Lächeln allumfassenden Einsseins.

Glückseligkeit ist das Lächeln alles überragender Vollkommenheit.

Licht ist, was Gott besitzt.
Glückseligkeit ist, was Gott ist.

Die Weisheitssonne vedischer Wahrheit

Wenn wir die Veden studieren, sollten wir um zwei verschiedene Dinge wissen: um die esoterischen Auslegungen der Veden von erleuchteten spirituellen Meistern und um die mentalen Schlüsse von Gelehrten und Historikern. Jede esoterische Auslegung von einem Meister ist auf eine unmittelbare intuitive Schau der Wahrheit gegründet, währenddessen jeder mentale Schluß eines Gelehrten oder Historikers sich auf unerleuchtete, mentale Analyse und zögernde, unsichere Forschung gründet.

Die Seher der grauen Vergangenheit schauten die Wahrheit und enthüllten die Wahrheit. Die Sucher aller Zeiten fühlen die Wahrheit und verwenden die Wahrheit. Aber den meisten Gelehrten ist die Erkenntnis der Wahrheit gleichgültig; sie befassen sich nur mit der Offenbarung der Wahrheit. Sie beschäftigen sich mehr mit der Form denn mit dem Geist der Veden. Die meisten Historiker stellen die geringeren in den Veden erwähnten Wahrheiten in den Mittelpunkt ihrer Diskussionen, jene, die sich auf das Kastensystem und die magischen Formeln beziehen, während sie der höchsten Wahrheit, dem Wissen um Brahman, keine Aufmerksamkeit zuwenden. Sie finden keine Zeit, sich in seelenvoller und ergebener Weise mit den das Leben stärkenden und erfüllenden Botschaften, welche die Veden enthalten, vertraut zu machen. Die lebenspendenden und das Leben offenbarenden Botschaften der Veden scheinen sie nicht zu befriedigen. Die Entstehung der Veden, deren äußeres Wachstum und das Abnehmen des vedischen Einflusses auf Indien sind mehr als genug, sie zufriedenzustellen.

Die Veden sind für die gedacht, welche die ewige Zeit lieben, und nicht für jene, welche die flüchtige irdische Zeit lieben. Die Veden sind für die, welche Gott die Wahrheit lieben, gedacht, und nicht für jene, die bloß den Körper dunkler Geschichte, der das Leben von Verwirrung und Verwicklung in sich birgt, lieben.

Die Veden und die vedischen Hymnen sind nicht voneinander zu trennen. Jede Hymne ist eine Anrufung an einen bestimmten Gott oder eine bestimmte Gottheit. Jede Hymne ist eine Entdeckung eines Kavi, Rishi oder Vipra: eines vedischen Dichters, vedischen Sehers oder vedischen Weisen. Jede vedische Entdeckung ist eine Gabe Gottes. Jede Gabe ist ein Funken Licht. Jeder Funken Licht ist eine Errungenschaft Gottes im Menschen und eine Errungenschaft des Menschen in Gott. Des Menschen höchste Errungenschaft ist die Umwandlung der menschlichen Natur. Gottes höchste Errungenschaft ist die Vervollkommnung des Erdbewußtseins.

Leben ist eine Idee. Leben ist ein Ideal. Leben hat eine Seele. Leben hat ein Ziel. Die vedische Idee des Lebens ist die Idee der Wahrheit. Das vedische Ideal des Lebens ist das Ideal der Glückseligkeit. Die vedische Seele ist die Seele der Vielheit in der Einheit. Das vedische Ziel ist das Ziel, die Weite der Erde mit der Fülle des Himmels zu vereinigen.

Indien besaß die vedischen Seher der Wahrheit, und Indien besitzt Sucher nach der Wahrheit. Die höchste Aufgabe der Seher war es, die kosmischen Götter und Gottheiten in das Erdbewußtsein herabzubringen. Sie vollendeten ihre Aufgabe. Nun ist es die Aufgabe der Sucher, die Götter und Gottheiten hier auf der Erde zu behalten und sie in ihrem kosmischen Spiel zu unterstützen. Der Allerhöchste sah Seine unendlichen inneren Kräfte und Möglichkeiten in den Sehern. Der Allerhöchste sieht Seine offenbarende Wirklichkeit und erfüllende Vollkommenheit in den Suchern.
Seine unendlichen inneren Kräfte und Möglichkeiten in den Sehern. Der Allerhöchste sieht Seine offenbarende Wirklichkeit und erfüllende Vollkommenheit in den Suchern.

Die Krone der indischen Seele

Kommentar zu den Upanishaden

Die Gabe der Seele Indiens

Die Gabe der Seele Indiens ist das unvergängliche Licht der Upanishaden. Die Upanishaden bringen der ganzen Welt die höchste Errungenschaft des erwachten und erleuchteten Lebens der Hindus dar. Die Veden stellen die Kuh dar. Die Upanishaden sind die Milch. Wir brauchen die Kuh, um Milch zu erhalten, und wir brauchen Milch, um uns zu ernähren. Die Upanishaden werden auch *Vedānta* genannt. Die wörtliche Bedeutung von *Vedānta* ist: »Das Ende der Veden«. Doch die spirituelle Bedeutung von *Vedānta* ist: »Die Krone der Veden, die Auslese aus der inneren Lehre, das Ziel des inneren Lebens«. Die *Muktika* Upanishad hat uns etwas sehr Bedeutsames zu sagen:

Tileṣu tailavad vede vedāntaḥ supratiṣṭhitaḥ (*Muktikopaniṣad* 1.1.9).

Wie Öl im Sesamsamen, so ist der Vedanta wesensmäßig in jedem Teil der Veden erhalten.

Die Upanishaden sagen uns, daß es zwei Arten von Wissen gibt: ein höheres Wissen und ein niederes Wissen. *Paravidyā* ist das höhere Wissen, und *aparavidyā* ist das niedere Wissen. Das höhere Wissen ist die Entdeckung der Seele. Das niedere Wissen ist die Erfüllung der zahllosen Wünsche des Körpers.

Unserer indischen Überlieferung zufolge gab es einst 1180 Upanishaden. Jede kam von einem Zweig – *śākhā* – der Veden. Davon wurden 200 Upanishaden allgemein bekannt, und von diesen 200 sind uns heute 108 Upanishaden überliefert. Wenn ein Sucher einen Eindruck von Wahrheit, Licht, Frieden und Seligkeit erhalten will, muß er diese 108 Upanishaden mit Eifer und Ausdauer studieren. Wenn ein wirklicher, ein echter Sucher Licht in Fülle von den Upanishaden erhalten will, dann muß er die 13 wichtigsten Upanishaden studieren. Wenn er diese großen Upanishaden studiert und zur gleichen Zeit die Wahrheit auch leben will, die diese Upanishaden in sich bergen, dann wird er fähig sein, das Antlitz der Göttlichkeit und das Herz der Wirklichkeit zu sehen.

Die dreizehn wichtigsten Upanishaden sind: *Īśā, Kaṭha, Kena, Praśna, Muṇḍaka, Māṇḍūkya, Chāndogya, Bṛhadāraṇyaka, Taittirīya, Aitareya, Śvetāśvatara, Kaivalya* und *Maitrī.*

Tad ejati tan naijati tad dūre tadvantike ... (*Īśopaniṣad* 5)
Das bewegt sich, und Das bewegt sich nicht. Das ist weit entfernt, und dasselbe ist nah. Das ist in allem; Das ist außerhalb von allem.

Diese besondere Botschaft hat die *Īśā* Upanishad für uns. Für den begehrenden Verstand ist diese Botschaft nichtssagend, nebulös, rätselhaft und verwirrend. Für das strebende Herz ist diese Botschaft inspirierend und erleuchtend. Für die enthüllende Seele ist diese Botschaft erfüllend und unsterblich machend. Brahman, Gott in seinem absoluten Aspekt, ist unwandelbar; doch in seinem bedingten Aspekt ist Er ewig-sich-verändernd, ewig-sich-verwandelnd, ewig-sich-entwickelnd, ewig-sich-enthüllend, ewig-sich-manifestierend und ewig-sich-erfüllend.

Des weiteren versöhnt die *Īśā* Upanishad Arbeit und Wissen, das Eine und die Vielen, den unpersönlichen Gott und den persönlichen Gott auf bemerkenswerte Weise. Nichtverhaftetes Wirken ist echtes Wissen. Wenn wir bewußt versuchen, Gott in allem und jedem zu sehen, geben wir uns auf seelenvolle Weise gottgeweihtem Handeln hin. Hier ist Wissen Handeln. Das Eine und die Vielen: Das Eine brauchen wir für unsere Selbstverwirklichung, die Vielen brauchen wir für unsere Selbstmanifestation. Der unpersönliche und der persönliche Gott: Wenn wir im unpersönlichen Gott leben, sehen wir die Wahrheit in ihrer erleuchtenden Schau, und wenn wir im persönlichen Gott leben, sehen wir die Wahrheit in ihrer sich enthüllenden Wirklichkeit. Der Sohn Gottes erklärte: »Ich und der Vater sind eins.« (Johannes 10,30) Die *Chāndogya* Upanishad macht eine kühne Aussage, die in gewisser Weise noch mutiger und zugleich überzeugender ist:

Tat twam asi (*Chāndogyopaniṣad* VI.8.7; bis VI.16 passim)
Das bist du.

Was bedeutet das? Es bedeutet, daß du kein anderer als Gott bist. Wer sonst ist Gott, wenn nicht du?

Ein Gottliebender klopfte an die Türe von Gottes Herzen. Gott fragte von innen: »Wer ist da?« Der Gottliebende antwortete: »Ich bin es.« Die Tür blieb verschlossen. Der Mann klopfte und klopfte. Schließlich ging er davon. Nach einer Stunde kam er wieder zurück. Er klopfte an die Türe von Gottes Herzen. Gott fragte von innen: »Wer ist da?« Der Gottliebende antwortete: »Ich bin es.« Die Türe blieb verschlossen. Der Mann klopfte vergebens weiter an die Tür. Schließlich ging er.

Nach einer weiteren Stunde kam er wieder zurück und klopfte wieder an die Türe von Gottes Herzen. Gott fragte von innen heraus: »Wer ist da?«

Der Gottliebende antwortete: »Mein ewiger Geliebter, Du bist es.« Sofort öffnete Gott die Türe Seines Herzens.

Wenn ein Sucher solch ein enges und untrennbares Einssein mit Gott fühlt, öffnet Gott ihm die Türe Seines Herzens und schenkt ihm sogar Seinen Thron. Die upanishadischen Seher fühlten keine Notwendigkeit, zu einem spirituellen Zentrum zu gehen, keine Notwendigkeit, in einen Tempel zu gehen, keine Notwendigkeit, einen Vortrag oder eine Predigt anzuhören oder gar Bücher zu lesen. Gott war ihr einziges äußeres Buch, und Gott war ihr einziger innerer Lehrer. Gottverwirklichung war ihre einzige Notwendigkeit, und Gottmanifestation war ihre einzige Wirklichkeit. Der große deutsche Philosoph Schopenhauer erklärte: »Es [die Upanishaden-Lektüre] ist die belohnendeste und erhebendeste Lektüre, die (den Urtext ausgenommen) auf der

Welt möglich ist: sie ist der Trost meines Lebens gewesen und wird der meines Sterbens sein. Der Upanischad ist, wie gesagt, die Ausgeburt der höchsten menschlichen Weisheit.«* Die Upanishaden geben uns drei Lehren: Die erste ist *Brahman*. Die zweite ist *Ātman*. Die dritte ist *Jagat*. *Brahman* ist Gott, *Ātman* ist die Seele, und *Jagat* ist die Welt. Wenn wir auf Brahman meditieren, wird unser Leben zu unsterblich machender Glückseligkeit. Wenn wir auf die Seele meditieren, wird unser Leben zu bewußter und rascher Evolution. Wenn wir die Welt nicht vernachlässigen, wird unser Leben zu erfüllender Manifestation. Wenn Sie die Upanishaden studieren – nicht auf oberflächliche oder mechanische Weise, sondern mit der Klarheit des Verstandes –, dann werden Sie sehen, daß Gott und Sie, Sie und Gott, ewig sind. Und wenn Sie die Upanishaden mit der Empfänglichkeit Ihres Herzens studieren, werden Sie sehen, daß Gott und Sie gleich sind. Und wenn Sie schließlich die Upanishaden mit dem Licht Ihrer Seele studieren, werden Sie erkennen, daß Sie dort im Himmel der verwirklichte und esoterische Gott sind und hier auf der Erde der manifestierte und exoterische Gott.

Nāyam ātmā balahīnena labhyo (*Muṇḍakopaniṣad* 3.2.4)
Die Seele kann nicht von einem Schwächling gewonnen werden.

Die innere Stärke entthront das Götzenbild, das Furcht und Zweifel errichtet haben. Wenn Ihre innere Stärke zum Vorschein kommt, wird der Feigling, der Zweifler in Ihnen in das strahlende Licht der Seele verwandelt werden.

Die Upanishaden sind die Vorderseite der Münze, deren Rückseite Bewußtsein ist. Es gibt drei gewöhnliche Bewußtseinszustände: *Jāgṛti, Svapna* und *Suṣupti*. *Jāgṛti* ist der Wachzustand, *Svapna* ist der Traumzustand, und *Suṣupti* ist

* Arthur Schopenhauer, Parerga und Paralipomena II, 184 und 185.

der Zustand tiefen Schlafes. Es gibt noch einen anderen Bewußtseinszustand, den man *Turīya* nennt, das reine Bewußtsein des transzendenten Jenseits.

Die *Māṇḍūkya* Upanishad gibt uns ein sehr bedeutungsvolles Geschenk. Sie erzählt uns von der universellen Seele. Die universelle Seele hat zwei Aspekte: *Vaiśvānara* und *Virāṭ*. Der mikrokosmische Aspekt wird *Vaiśvānara* genannt, der makrokosmische Aspekt heißt *Virāṭ*. *Jāgṛti*, das Wachstadium, *Vaiśvānara*, der physische Zustand, und der Buchstabe A von *»AUM«*, dem Klangsymbol von *Prakṛti*, der Urenergie, bilden den ersten Teil der Wirklichkeit. *Svapna*, der Traumzustand, *Taijasa*, die hellen intellektuellen Eindrücke, und das U von *»AUM«* bilden den zweiten Teil der Wirklichkeit. *Suṣupti*, der Zustand tiefen Schlafes, *Prājña*, das intuitive Wissen, und das M von *»AUM«* bilden den dritten Teil der Wirklichkeit.

Turīya jedoch, der vierte Bewußtseinszustand, vereinigt diese drei Bewußtseinszustände und übersteigt sie zur gleichen Zeit. Auf der einen Seite ist er ein Teil von vieren, auf der anderen Seite ist er der Gipfelpunkt des Ganzen, das Ende, das Ziel selbst. *Turīya* ist die ewige Wirklichkeit, jenseits aller Erscheinungen. *Turīya* ist das transzendente Brahman. *Turīya* ist *Saccidānanda* – Sein, Bewußtsein und Glückseligkeit. Hier, im *Turīya*-Bewußtsein, kann ein im spirituellen Leben sehr weit fortgeschrittener Sucher oder ein spiritueller Meister den klanglosen Klang, »AUM«, das höchste Geheimnis des Schöpfers, tatsächlich hören.

Der höchste Reichtum der Upanishaden ist das Selbst:

Yato vāco nivartante aprāpya manasā saha (Taittirīyopaniṣad II.4 und II.9).
Von wo die Worte, die Macht der Rede, mit dem verwirrten Geist zurückkehren, ohne das Ziel erreicht zu haben.

Dieses Selbst kann nicht durch einen glänzenden Intellekt gewonnen werden. Nur mit einem strebenden Herzen und einem gottgeweihten Leben kann es gewonnen werden.

Dieses alles übersteigende Selbst wird in dieser Welt der Relativität von fünf verschiedenen Hüllen bedeckt: *annamaya kośa,* der grob-physischen Hülle; *prāṇamaya kośa,* der Hülle der vitalen Kraft (Lebenskraft); *manomaya kośa,* der mentalen Hülle; *vijñānamaya kośa,* der Hülle des höher entwickelten Wissens; und *ānandamaya kośa,* der Hülle der Glückseligkeit. Diesen fünf Hüllen entsprechen drei Arten von Körpern. Diese Körper heißen *sthūla śarīra, sūkṣma śarira* und *kāraṇa śarīra. Sthūla* bedeutet grob-physisch, und *śarīra* bedeutet Körper. *Sūkṣma* bedeutet subtil, und *kāraṇa* bedeutet kausal. Der physische Körper, *sthūla śarīra,* umfaßt *annamaya kośa,* die materielle Substanz. *Sūkṣma śarīra,* der Subtilkörper, umfaßt *prāṇamaya kośa, manomaya kośa* und *vijñānamaya kośa. Kāraṇa śarīra,* der Kausalkörper, umfaßt *ānandamaya kośa,* die Hülle der Glückseligkeit.*

In finsterer Nacht erscheinen die Glühwürmchen. Sie schenken ihr Licht, und sie fühlen, daß sie die Finsternis vertrieben haben. Nach einer Weile beginnen die Sterne zu scheinen, und die Glühwürmchen erkennen ihre Begrenztheit. Einige Zeit darauf kommt der Mond hervor. Wenn der Mond erscheint, merken die Sterne, wie schwach und unbedeutend ihr Licht ist, verglichen mit dem Licht des Mondes. Einige Stunden später geht die Sonne auf. Wenn die Sonne aufgeht, wird auch die Freude und der Stolz des Mondes zunichte gemacht. Das Sonnenlicht vertreibt alle Dunkelheit, und das Licht der Glühwürmchen, der Sterne und des Mondes verblaßt zur Bedeutungslosigkeit.

Diese Sonne ist der Himmelskörper. Doch jeder von uns besitzt eine innere Sonne. Diese innere Sonne ist unendlich machtvoller, schöner und erleuchtender als der Himmels-

---

* Das wird in *Taittirīyopaniṣad* II.2–5 gelehrt.

körper. Wenn diese Sonne aufgeht und scheint, zerstört sie die Dunkelheit von Jahrtausenden. Diese Sonne scheint in alle Ewigkeit. Diese innere Sonne nennt man das Selbst, das transzendente Selbst.

Die Enthüllung des Lichtes Indiens

Jede Upanishad ist die Entfaltung des höchsten Wissens, das, hat man es einmal spirituell erlangt, nie mehr verlorengeht. Den Upanishaden zufolge befindet sich das gesamte Universum des Handelns mit seinen kurzlebigen Zwecken und Zielen im Netz der Unwissenheit. Nur die Erkenntnis des höchsten Selbst kann die jahrtausendealte menschliche Unwissenheit zerstören und das Erdbewußtsein mit dem Licht und der Wonne des ewig sich selbst überragenden und ewig sich offenbarenden Jenseitigen überfluten.

So wie wir das Herz, den Verstand, das vitale Wesen, den Körper und die Seele besitzen, so haben auch die Upanishaden ein Herz, einen Verstand, ein vitales Wesen, einen Körper und eine Seele. Das Herz der Upanishaden ist Selbstverwirklichung, der Verstand der Upanishaden ist Selbstenthüllung, das Vitale der Upanishaden ist Selbstmanifestation, der Körper der Upanishaden ist Selbsttransformation, und die Seele der Upanishaden ist Selbstvervollkommnung.

Gegenwärtig ist die Selbstverwirklichung von allergrößter Bedeutung. Für die Selbstverwirklichung brauchen wir nur vier Dinge. Zuerst brauchen wir die Hilfe der Schriften, dann einen spirituellen Führer, darauf spirituelle Disziplin und zuletzt die Gnade Gottes. Die Schriften sagen dem Sucher: »Erwache, erhebe dich, es ist höchste Zeit, daß du aufstehst. Schlafe nicht länger.« Der spirituelle Meister sagt zum Sucher: »Lauf, mein Kind! Lauf, so schnell du kannst! Ich inspiriere dich. Ich habe bereits die Flamme spirituellen Strebens in dir entfacht. Jetzt kannst du sehr schnell laufen.«

Spirituelle Disziplin sagt dem Sucher: »Du übst Spiritualität, und ich gebe dir das Ergebnis deiner Übung. Ich habe den Weg für dich frei gemacht. Jetzt kannst du mit größter Geschwindigkeit auf einer Straße laufen, auf der es keine Gefahren mehr gibt.« Dann benötigt man noch etwas, und das ist die Gnade Gottes. Man mag mit größter Geschwindigkeit laufen, doch man erreicht das Ziel womöglich trotzdem nicht, auch wenn es kein Hindernis auf dem Weg gibt, denn Menschen werden sehr oft müde. Noch ehe sie das Ziel erreicht haben, fühlen sie sich völlig erschöpft. Zu diesem Zeitpunkt ist Gottes Gnade nötig. Ohne Gottes Gnade kann man die Reise nicht vollenden. Gottes Gnade sagt dem Sucher: »Siehe, das Ziel ist erreicht.«

Genaugenommen beginnt Gottes Gnade schon ganz am Anfang. Wenn wir die Schriften studieren, haben wir bereits Gottes Gnade erhalten. Wenn Gottes Gnade nicht gewesen wäre, hätten wir das spirituelle Leben überhaupt nicht erst angenommen. Und wenn Gottes Gnade nicht gewesen wäre, hätten wir unseren spirituellen Meister nicht finden können. Aus Seiner unendlichen Güte heraus bringt Gott einen Sucher zu seinem Meister. Dann müssen der Sucher und der Meister ihre jeweiligen Rollen spielen. Der Meister wird Gottes Mitleid herabbringen, während der Sucher spirituelle Disziplin üben muß. Seine Aufgabe ist es, zu streben, und die Aufgabe des Meisters ist es, Mitleid herabzubringen.

Etwas, das jeder in der inneren Welt besitzen muß, ist spirituelles Streben. Hier auf der Erde bietet uns der Baum ein Beispiel für dieses Streben an. Er bleibt auf der Erde und seine Wurzeln sind im Schmutz, doch sein Ziel ist das Höchste. Wir hingegen haben Angst, auf der Erde zu bleiben. Wir fühlen, wenn wir auf der Erde bleiben, können wir das Höchste nicht erreichen. Doch der Baum zeigt uns, wie widersinnig das ist. Seine Wurzeln sind unter der Erde, doch sein höchster Ast strebt zum Himmel hinauf. In den Upanishaden begegnet uns der *Aśvattha*-Baum. Im Gegensatz zu irdischen Bäumen sind bei diesem Baum die Wurzeln oben und die Äste unten. Er hat zwei Arten von Ästen. Die einen dringen in das Netz der Unwissenheit ein und beginnen dort zu kämpfen und zu ringen. Dann versuchen sie wieder hinauszugelangen in das strahlende Licht. Die anderen versuchen immer im Licht zu verbleiben. Ihre Bewegung ist aufwärts gerichtet, ihr Streben geht nach oben.

Hier auf der Erde besitzt jeder Mensch ein bestimmtes Maß an Fähigkeit. Ein Mensch sieht innen und außen Unwissenheit, doch er besitzt die Fähigkeit, jenseits der Grenzen der Unwissenheit zu bleiben. Wie? Durch spirituelles Streben. Warum? Weil er ständig Zufriedenheit braucht. Und nur Streben kann uns diese ständige Zufriedenheit geben. Warum streben wir? Wir streben nach Wonne, *Ānanda.* Wonne ist Selbsterschaffung und Selbsterfahrung. Wonne im Höchsten, im absolut Höchsten, wird *Ānanda-puruṣa* genannt. Dort ist Wonne, Unendlichkeit, Ewigkeit und Unsterblichkeit. Es gibt noch eine andere Art von Wonne, *Ānandātmā,* wenn aus der unendlichen Wonne die Wonne Form und Gestalt annimmt. Im erdgebundenen Bewußtsein nennt man Wonne *Ānandātmā.*

Wenn Wonne allmählich in die dunkle, unreine, unerleuchtete, unvollkommene Natur des Menschen herabsteigt, um diese menschliche Natur umzuwandeln, stößt sie auf anhaltenden Widerstand. Dann sehen wir, wie die Wonne durch die wuchernde Unwissenheit ihre Kraft verliert und Vergnügen, kurzlebiges Vergnügen sich breitmacht. Im Höchsten, dem dreifachen Bewußtsein – *Saccidānanda* –, gehören Sein, Bewußtsein und Wonne zusammen. Doch wenn sie sich manifestieren wollen, müssen sie es durch Wonne tun.

Wenn Wonne herabkommt, ist die erste Stufe, die sie erreicht, das sogenannte Supramentale. Das Supramentale ist nicht einfach ein wenig höher als der Verstand. Nein, es ist unendlich viel höher. Es ist überhaupt nichts Mentales, obwohl das Wort »mental« gebraucht wird. Es ist das Bewußtsein, das die Begrenzungen des Endlichen schon überstiegen hat. Dort beginnt die Schöpfung. Form beginnt eine Stufe tiefer. Diese Stufe wird das Übermentale genannt. Hier beginnen die Formen, die Vielfalt in individueller Gestalt. Eine Stufe tiefer ist das intuitive Mentale. Mit dem intuitiven Mentalen sehen wir die Vielfalt in schöpferischer Form. Mit Intuition sehen wir alles auf einen Blick. Wir können viele Dinge auf einmal sehen, wir sehen die kollektive Form. Vom intuitiven Mentalen kommt Wonne in den eigentlichen Verstand. Dieser Verstand sieht jeden Gegenstand für sich. Doch obwohl er alles getrennt sieht, versucht er nicht, die Existenz der verschiedenen Gegenstände zu bezweifeln. Als nächstes tritt Wonne in den äußeren Verstand ein – in den Verstand, der vom Physischen beherrscht wird. Dieser Verstand sieht jeden Gegenstand für sich, und außerdem bezweifelt er die Existenz jedes Gegenstandes. Wirklicher Zweifel beginnt hier im äußeren Verstand.

Nachdem die Wonne durch alle Ebenen des Mentalen herabgestiegen ist, dringt sie in das Vitale ein. Im Vitalen sehen wir entweder dynamische Kraft oder aggressive Kraft. Die Kraft, die wir im inneren oder subtilen Vitalen sehen, ist die dynamische, und die Kraft, die wir im äußeren Vitalen sehen, die aggressive Kraft. Vom Vitalen dringt die Wonne in den Körper ein. Es gibt zwei Körper: den subtilen Körper und den eigentlichen Körper. Im subtilen Körper steigt die Wonne noch weiter herab, und wir können uns dessen immer noch bewußt sein. Doch im subtilen Körper können wir die Wahrheit nicht besitzen oder von ihr Gebrauch machen; wir können sie nur ansehen, wie ein Bettler, der einen Multimillionär anschaut. Im groben Körper schließlich gibt es überhaupt keine Wonne mehr.

Die Wonne kommt herab, doch wir sehen nicht einmal ein bißchen davon im groben Körper. Was können wir tun? Wir können mit der Kraft unseres Strebens in die Seele eingehen, und die Seele wird uns bewußt zur höchsten Ebene, zu *Saccidānanda*, bringen – der Ebene von Sein, Bewußtsein und Glückseligkeit. Jetzt kann unsere Reise bewußt werden. Wir sind in das dreifache Bewußtsein eingetreten, und wir können nun bewußt in das Supramentale hinabsteigen, dann in das Übermentale, das intuitive Mentale, den eigentlichen Verstand, den äußeren Verstand, das Vitale und den Körper. Wenn wir im Körper erfolgreich sind, das heißt, wenn wir die Wonne von der höchsten Ebene herabbringen können und der Körper diese Wonne aufnehmen und davon Gebrauch machen kann, endet das Leben des Vergnügens. Zu diesem Zeitpunkt erkennen wir schließlich den Unterschied zwischen dem Leben des Vergnügens und dem Leben der Wonne. Auf das Leben des Vergnügens folgt Frustration und Zerstörung. Das Leben der Wonne hingegen ist ständiges Wachstum, ständige Erfüllung, ständige Errungenschaft und ständige Manifestation Gottes auf Gottes eigene Weise.

Die *Muṇḍaka* Upanishad (*Muṇḍakopaniṣad* 3.1.1 + 2) hat uns zwei Vögel geschenkt. Einer dieser Vögel sitzt auf dem Gipfel des Lebensbaumes, der andere auf einem tiefer liegenden Ast. Der Vogel auf dem tieferen Ast ißt sowohl süße als auch saure Früchte. Süße Früchte geben dem Vogel das Gefühl, das Leben sei Vergnügen, saure Früchte lassen ihn fühlen, das Leben sei Elend. Der andere Vogel auf dem Gipfel des Baumes ißt weder von den süßen noch von den sauren Früchten. Er sitzt nur ruhig und heiter da. Sein Leben ist durchflutet von Frieden, Licht und Wonne. Der Vogel, der von den süßen und den sauren Früchten des Lebensbaumes ißt, ist enttäuscht und angewidert; enttäuscht, weil das Vergnügen unbeständig, kurzlebig und flüchtig ist; angewidert, weil Enttäuschung in Zerstörung endet. Zutiefst enttäuscht und angewidert fliegt dieser Vogel auf und verliert sich im Freiheitslicht und in der Vollkommenheitswonne des Vogels auf dem Gipfel des Lebensbaumes. Der Vogel auf dem Gipfel des Baumes ist das kosmische und transzendente Selbst, und der Vogel darunter ist das individuelle Selbst. Diese zwei wunderschönen Vögel heißen *Suparṇā*.

In einigen Upanishaden sehen wir die andauernde Gegnerschaft der Götter und Dämonen. Die aus sich selbst heraus Leuchtenden sind die Götter, und die sich selbst Nachgebenden sind die Dämonen. Die Götter und die Dämonen sind die Abkömmlinge von *Prajāpati*, dem Schöpfer. Wenn die Götter den Sieg davontragen, hat das Licht der Seele die unumschränkte Herrschaft. Wenn die Dämonen siegen, regiert die Nacht des Körpers. Ursprünglich waren die Götter und die Dämonen die Organe von *Prajāpati*. Die Organe, die ihre Kraft vom göttlichen Willen erhielten, die vom göttlichen Licht erleuchtet und durch die göttliche Tat inspiriert wurden, wurden zu Göttern. Die Organe, die von den niederen Gedanken angetrieben wurden und begierig waren, in der Welt der Sinne zu leben und sich dem Leben des Vergnügens hinzugeben, und die niedere und zerstörerische Ziele verfolgten, wurden Dämonen. Man braucht nicht zu betonen, daß es unendlich viel leichter ist, die niederen Ziele zu erreichen als das höchste Ziel. Aus diesem Grund übertrafen auch die Dämonen die Götter bei weitem an Zahl. Doch wir, die Sucher nach dem unendlichen Licht und der unendlichen Wahrheit, brauchen die Qualität der Götter und nicht die Quantität der Dämonen.

Einmal baten die Götter das Organ der Sprache, die Nase, die Augen, die Ohren, den Verstand und die Lebenskraft eindringlich, Hymnen für sie zu singen. Alle sangen der Reihe nach. Die Dämonen erkannten sofort, daß die Götter durch diese Sänger mit Sicherheit die Oberherrschaft über sie gewinnen würden, und so verunreinigten sie die Sänger heimlich und erfolgreich mit dem groben Übel starker Verhaftung an die Objekte der Sinne und das Leben des Vergnügens. Beim Organ der Sprache, der Nase, den Augen, den Ohren und dem Verstand hatten sie sofort Erfolg, doch bei der Lebenskraft erlitten sie eine schwere Niederlage. Die

Lebenskraft zerbrach sie in Stücke und warf sie in alle Himmelsrichtungen. Die Lebenskraft trug den Sieg für die Götter davon. Das Dasein der Götter wurde mit dem ewigen Licht der Göttlichkeit überflutet. Sie wurden ihr wahres Selbst. Die Machenschaften der eifersüchtigen Dämonen wurden aufgedeckt und ihr Stolz zerschmettert (*Chāndogyopaniṣad* I.2.1–9).

Diese vitale Kraft wird *ayāsya āṅgirasa** genannt. Das bedeutet die Essenz der Glieder. Die Lebenskraft war siegreich. Sie war auch freundlich, teilnahmsvoll und großzügig:

Sie trug das Organ der Sprache über das Reich des Todes hinaus. Nachdem der Bereich des Todes überschritten war, wurde das Organ der Sprache zum Feuer, und dieses Feuer leuchtet weit jenseits des Todes.

Die Lebenskraft trug die Nase über den Tod hinaus. Die Nase wurde zur Luft. Nachdem sie die Grenze des Todes überschritten hat, weht die Luft jenseits des Todes.

Die Lebenskraft trug die Augen über den Tod hinaus. Die Augen wurden zur Sonne. Nachdem sie den Bereich des Todes überschritten hat, scheint die Sonne unaufhörlich.

Die Lebenskraft trug die Ohren über den Tod hinaus. Sie wurden zu den Himmelsrichtungen. Nachdem sie den Tod überschritten haben, bleiben diese Himmelsrichtungen weit jenseits seines Reiches.

Die Lebenskraft trug den Verstand über den Tod hinaus. Der Verstand wurde nun zum Mond. Nachdem er den Tod überschritten hat, scheint der Mond jenseits seiner Grenzen (*Bṛhadāraṇyakopaniṣad* I.3.12–16).

Die *Bṛhadāraṇyaka*, die Upanishad des »großen Waldes«, anerbietet der Menschheit ein unvergleichliches Gebet:

---

* Siehe *Bṛhadāraṇyakopaniṣad* I.3.8 und *Chāndogyopaniṣad* I.2.10–12; ebenso *Ṛgveda* X.67.1.

Asato mā sad gamaya.
Tamaso mā jyotir gamaya.
Mṛtyor mamṛtaṃ gamaya (*Bṛhadāraṇyakopaniṣad* I.3.28)
Führe mich vom Unwirklichen zum Wirklichen.
Führe mich von der Dunkelheit zum Licht.
Führe mich vom Tod zur Unsterblichkeit.

Das Unwirkliche ist das Stirnrunzeln des Todes; das Wirkliche ist das Lied der Unsterblichkeit. Dunkelheit ist der gigantische Stolz des Todes; Licht ist das Leben der erleuchtenden und vervollkommnenden Macht der Unsterblichkeit. Tod ist die Botschaft des Nichts. Unsterblichkeit ist die Botschaft des befreiten Einsseins der Menschheit mit der allüberragenden Höhe der Göttlichkeit.

Schönheit und Pflicht der Seele Indiens

Diese Schönheit versucht nicht,
Diese Schönheit erleuchtet.

Diese Pflicht ist nicht selbstauferlegt,
Diese Pflicht ist gottgegeben.

AUM

Die Upanishaden bieten uns Selbsterkenntnis, Welterkenntnis und Gotterkenntnis an. Selbsterkenntnis ist Selbstentdeckung. Nach der Selbstentdeckung müssen wir fühlen, daß Welterkenntnis in uns ist und daß wir in diese Welterkenntnis hineinwachsen müssen. Dann kommt die Zeit, wo wir den Besitzer der Welterkenntnis erkennen, und nun haben wir Gotterkenntnis. Wir müssen die Gotterkenntnis erreichen, die der Besitzer des Universums ist.

»Neti, neti« – »Nicht dies, nicht dies«, oder »Nicht dies, nicht jenes« – ist die Botschaft der Upanishaden.* Wir sind hier alle Sucher nach der unendlichen Wahrheit. Ein wirklicher Sucher ist nicht zufrieden und kann nicht zufrieden sein mit seinem individuellen Leben, seinen persönlichen Errungenschaften oder weltlichen Besitztümern. Nein. Er kann nur zufrieden sein, wenn er das Absolute erlangt. Doch was ist das Absolute? Das Absolute ist Brahman.

Die Seher der fernen Vergangenheit gaben uns diese erhabene Weisheit: »Brahman kann durch nichts begrenzt werden, Brahman kann durch nichts umfangen werden, Brahman kann durch nichts definiert werden.« So lautet ihre Aussage. Doch das ist die negative Art, Brahman zu sehen. Es gibt auch eine positive Art, und zwar die folgende: »Brahman ist ewig, Brahman ist unendlich, Brahman ist unsterblich. Brahman ist jenseits von allem.« Das ist die positive Art und Weise. Wir, die Sucher nach der unendlichen Wahrheit, werden dem positiven Weg folgen. Wenn wir in unserem Leben des Strebens dem positiven Weg folgen, können wir sehr schnell laufen und das letzte Ziel früher erreichen.

Wir müssen Brahman im Endlichen ebenso sehen, wie wir Brahman im Unendlichen sehen wollen. Wenn wir jedoch während unserer Meditation Brahman als das unendliche Selbst schauen können, wird es für uns leichter, in die Welt der Relativität einzutreten, in der alles endlich erscheint.

Wir sehen die Welt in uns, wir sehen die Welt außerhalb von uns. In der Welt in uns gibt es ein Sein und in der Welt außerhalb von uns gibt es ein Sein. Diese zwei Seinsarten werden »Nicht-Sein« und »Sein« genannt. Aus dem Nicht-

---

* Zum Beispiel in *Bṛhadāraṇyakopaniṣad* II.3.6.

Sein entstand das Sein. Diese Vorstellung verwirrt unseren Verstand. Wie kann Nicht-Sein Sein erschaffen? Nicht-Sein ist nichts. Wie kann aus Nichts etwas entstehen? Doch wir müssen wissen, daß es der Verstand ist, der uns sagt, daß Sein nicht aus Nicht-Sein entstehen kann. Wir müssen uns bewußt sein, daß dieses »Nichts« in Wirklichkeit etwas ist, das über die Fassungskraft des Verstandes hinausgeht. »Nichts« ist das Leben des immerwährenden Jenseits. »Nichts« ist etwas, das stets jenseits unseres geistigen Fassungsvermögens liegt. Es übersteigt unser begrenztes Bewußtsein. Wenn wir also davon sprechen, daß die Welt oder das Sein aus dem Nicht-Stein entsteht, müssen wir fühlen, daß diese Wahrheit nur durch unser inneres Streben erkannt und verwirklicht werden kann, in welchem der Verstand überhaupt nicht tätig ist. Es ist die Intuition, die uns die Gunst gewährt zu erkennen, daß »Nichts« das Lied des ewig sich selbst überragenden Jenseits ist und daß »Nichts« die Erfahrung des ewig sich erfüllenden, ewig sich transzendierenden und ewig sich manifestierenden Seins ist.

AUM

Die Upanishaden und das Wesen von *Prāṇa* gehören untrennbar zusammen. *Prāṇa* ist ein Wort aus dem Sanskrit. Es kann auf verschiedene Weise übersetzt werden. Man kann Atem oder Energie sagen, oder sogar Äther. Doch *Prāṇa* ist Lebensenergie. Diese Lebensenergie ist nicht materieller oder physischer Natur, sondern sie ist etwas, das den physischen Körper am Leben erhält. Die Quelle von *Prāṇa* ist der Allerhöchste. Für die Manifestation ist *Prāṇa* unabdingbar. *Prāṇa* ist die Seele des Universums.

In Indien hat der Begriff *Prāṇa* eine besondere Bedeutung. *Prāṇa* ist nicht einfach nur Atem. Wir atmen täglich Tausende Male ein und aus, ohne darauf zu achten. Wenn wir jedoch von *Prāṇa* sprechen, denken wir an die Lebensenergie, die in unserem Atem ein- und ausströmt.

Prāṇa wird in fünf Teile geschieden: in *prāṇa, apāna, samāna, vyāna* und *udāna.* Die Lebensenergie, die Lebenskraft, die in den physischen Augen, der Nase und den Ohren ist, nennt man *prāṇa.* Die Lebenskraft in unseren Ausscheidungs- und Zeugungsorganen heißt *apāna. Samāna* ist die Lebensenergie, die die Verdauung und die Nahrungsaufnahme steuert. Der *Prāṇa* im Herzlotus, dem Sitz des Selbst, wo man einhundertein subtile spirituelle Nerven sehen kann, von denen jeder einhundert Nervenäste besitzt, wird *vyāna* genannt. Durch die Mitte des Rückgrates fließt auch Lebensenergie. Wenn sie nach oben steigt, erreicht sie das Höchste, und wenn sie nach unten strömt, erreicht sie das Tiefste. Wenn ein Sucher nach der unendlichen Wahrheit den Körper verläßt, steigt sein *Prāṇa* zum Höchsten, und wenn ein Mensch voller Sünde den Körper verläßt, geht sein *Prāṇa* nach unten. Dieser *Prāṇa*, das durch die Mitte des Rückgrates fließt, wird *udāna* genannt.

Wenn wir in der Lage sind, mit Hilfe unserer Lebenskraft in den Kosmos einzudringen, sehen wir, daß das Jenseits nicht ein Ergebnis unserer Einbildung ist. Es ist kein schimärenhafter Nebel, es ist eine Wirklichkeit, die in uns und für uns wächst. Gott war eins. Er wollte zu Vielen werden. Warum? Er verspürte die Notwendigkeit, sich göttlich und erhaben in unendlich vielen Formen zu erfreuen. *»Ekam aikṣata bahu syām«** – »Das Eine, sich sehnend, viele zu sein« war sein innerstes Empfinden. Als das höchste Wesen, der Höchste Herr, seine Lebensenergie aus sich heraussandte, erblickte Er sogleich zwei Geschöpfe. Das eine war männlich, das andere weiblich. *Prāṇa*, die Lebenskraft, ist das männliche und *Rayi* das weibliche. *Prāṇa* ist die Sonne. *Rayi* ist der Mond. Von *Prāṇa* und *Rayi* kamen wir alle ins Dasein. *Prāṇa* ist auch Geist, während *Rayi* die Materie ist.

---

* Vgl. *Chāndogyopaniṣad* VI.2.3, wo es heißt: *tad aikṣata bahu syām prajāyeya* – «Das (eine Wesen) sah und wünschte: Möge ich viele sein, möge ich hervorbringen.«

Geist und Materie gehören zusammen. Der Geist braucht die Materie für seine Selbstmanifestation, und die Materie braucht den Geist für ihre Selbstverwirklichung.

Zwei Worte gebrauchten die vedischen und upanishadischen Seher sehr oft: *Nāma* und *Rūpa*. *Nāma* bedeutet Name, *Rūpa* ist Form. In unserer äußeren Welt haben wir es mit Name und Form zu tun. In der inneren Welt haben wir es mit dem Namenlosen und dem Formlosen zu tun. Der Name und das Namenlose sind keine Gegner, wie auch die Form und das Formlose keine Gegner sind. Der Name verkörpert die Fähigkeit des äußeren Körpers; das Namenlose enthüllt die Unsterblichkeit der Seele. In der Form manifestiert sich das kosmische Bewußtsein, indem es sich begrenzt. Im Formlosen geht das kosmische Bewußtsein über sich selbst hinaus, indem es sich weitet und vergrößert.

AUM

Im spirituellen Leben wird oft der Begriff des Opfers gebraucht. Die vedischen Seher sprachen ausführlich über das Opfer. Ihnen zufolge war das Pferdeopfer, das *Aśvamedha*-Opfer, von größter Bedeutung. Die *Bṛhadāraṇyaka* Upanishad beginnt mit dem Opferpferd:

Uṣā vā aśvasya medhyasya śiraḥ ... (*Bṛhadāraṇyakopaniṣad* I.1.1)

AUM. Der Kopf des Opferpferdes ist wahrlich die Dämmerung, das Auge des Opferpferdes ist die Sonne, die Lebenskraft die Luft, das offene Maul das Feuer mit Namen *Vaiśvānara*, der Rumpf das Jahr, der Rücken der Himmel, der Bauch das Zwischenreich, der Huf die Erde, die Flanken die vier Himmelsrichtungen, die Rippen die dazwischen liegenden Himmelsrichtungen, die Glieder die Jahreszeiten, die Gelenke die Monate und Halbmonate, die Füße die Tage und Nächte, die Knochen die Sterne, das Fleisch die Wolken, das halbverdaute Futter (im Magen) die Sandwüsten, die Arterien und Venen die Flüsse, die Leber und die Milz die Berge, die Haare die Pflanzen und Bäume, das Vorderteil die aufgehende Sonne, das Hinterteil die untergehende Sonne. Sein Gähnen ist der Blitz, sein bebender Körper der Donner, sein Strahlen ist der Regen, sein Wiehern ist die Sprache (*Bṛhadāraṇyakopaniṣad* I.1.1).

Warum sprachen die upanishadischen Seher, die vedischen Seher, vom Pferd und nicht von einem anderen Tier als Symbol des Opfers? Sie erkannten die Geschwindigkeit des Pferdes, die Dynamik des Pferdes, die Treue und Ergebenheit des Pferdes. Geschwindigkeit ist notwendig, Dynamik ist notwendig, und Treue und Ergebenheit sind notwendig, um das Absolute zu verwirklichen und zu enthüllen. Aus diesem Grund wählten sie für die religiösen Riten und als Hilfe für ihr inneres Erwachen das Pferd.

Doch durch das bloße Opfern eines Pferdes können wir keine göttlichen Verdienste erwerben, ganz und gar nicht. Wir müssen auf das Pferd, auf die Eigenschaften des Pferdes meditieren und diese göttlichen Eigenschaften herabrufen. Die vedischen und upanishadischen Seher taten das. Sie erhielten die göttlichen Eigenschaften des Pferdes, und als Folge davon gingen sie in *Brahmaloka* ein, den höchsten Himmel.

Doch selbst im höchsten Himmel ist die Glückseligkeit, die man erfährt, nicht von ewiger Dauer. Um immerwährende Glückseligkeit zu erlangen, müssen wir durch die Kraft unserer inneren Sehnsucht in das Brahman eingehen. Wenn wir die innere Sehnsucht besitzen, können wir schließlich in das Brahman eingehen und dort immerwährende Glückseligkeit empfangen.

Um aber auf das Pferd zurückzukommen: In unserem Zeitalter braucht man keine Pferdopfer zu vollziehen. Doch man sollte die Eigenschaften des Pferdes erkennen und innerlich auf diese göttlich erfüllenden Eigenschaften meditieren. Von der eigenen Konzentration und Meditation wird man die Eigenschaften erhalten, die das Pferd besitzt oder verkörpert. Sehr oft mißverstehen Leute die Idee des Opfers, besonders westliche Menschen. Sie können nicht verstehen, wie man irgendein göttliches Verdienst erwerben kann, indem man einfach ein Pferd tötet. Sie halten das für widersinnig. Doch Opfer bedeutet nicht einfach töten. Opfer bedeutet, mit dem Bewußtsein des Pferdes eins zu werden. Nur wenn das geschieht, empfängt man den göttlichen Reichtum. Dazu brauchen wir das Pferd überhaupt nicht zu töten. Wir dürfen es gar nicht töten.

Man muß wissen, daß es kein Opfer geben kann ohne inneres Streben. Streben ist in jedem Augenblick notwendig. Doch dieses Streben muß echt sein und aus der tiefsten Tiefe des Herzens kommen. Wenn es nicht echt ist, kann es uns keine Verwirklichung geben. Streben kennt kein Zerren oder Drängen. Rastlosigkeit und Streben können nie zusammengehören. Sehr oft denken Anfänger, wenn sie streben, müssen sie sehr dynamisch sein. Das stimmt auch. Aber in ihrem Streben ist keine Dynamik zu sehen, nur Rastlosigkeit. Sie wollen Gott über Nacht verwirklichen. Diese Rastlosigkeit für Entschlossenheit oder Dynamik zu halten ist gänzlich ein Irrtum.

Darf ich eine oft angeführte Geschichte wiederholen? Ein Sucher ging zu einem spirituellen Meister. Er wurde den Regeln gemäß initiiert, und nach ein paar Tagen sagte der Sucher zum Meister: »Meister, nachdem du mich nun initiiert hast, gib mir bitte Gottverwirklichung.« Der Meister sagte: »Du mußt dich erst einmal lange in der Meditation üben.« Nach ein paar Tagen bat der Schüler wieder: »Meister, Meister, gib mir Verwirklichung, bitte gib mir Verwirklichung.« Er quälte den Meister lange Zeit. Eines Tages hieß ihn der Meister, ihm zu folgen. Er ging zum Ganges, um ein kleines Bad zu nehmen, und lud den Schüler ein, auch ins Wasser zu kommen. Als der Schüler bis zum Hals im Wasser stand, drückte der Meister den Kopf des Schülers unter Wasser und hielt ihn fest. Als der Meister schließlich den um Luft ringenden Schüler auftauchen ließ, fragte er ihn: »Was fühltest du, als du unter Wasser warst?« Der Schüler erwiderte: »O Meister, ich fühlte, ich würde sterben, wenn ich nicht sofort Luft bekäme.« Der Meister sprach: »Du wirst Gott an dem Tag verwirklichen, an dem du fühlst, du müßtest sterben, wenn Er nicht zu dir kommt und dir Leben gibt. Wenn du aufrichtig fühlst, daß du ohne Gott sterben wirst, wenn du so nach Ihm schreien kannst, dann wirst du Ihn mit Sicherheit verwirklichen.«

Diese Wahrheit zeigte der Meister dem Schüler. Leider sieht man oft, daß die Schüler die Wahrheit nicht verstehen, die ihnen ein Meister zeigt. Sie verstehen sie gemäß ihrem begrenzten Verständnis, oder sie halten die Botschaft, die ihnen der Meister gegeben hat, gar für vollkommen falsch. Wenn nun die Wahrheit, die der Meister anbietet, nicht richtig verstanden und angewendet wird, dann wird der Schüler, der Sucher, in der Manifestation niemals erfüllt werden. Die höchste Wahrheit wird für ihn immer in weiter Ferne bleiben.

In den Upanishaden gingen *Indra* und *Virocana* zu *Prajāpati,* um das höchste Wissen zu erhalten (*Chāndogyopaniṣad* VIII.7–12). *Indra* vertrat die Götter, und *Virocana* vertrat die Dämonen. Als *Prajāpati* ihnen die Erkenntnis des Brahman gab, kam *Indra* immer wieder zurück, um das Wissen, das er erhalten hatte, zu überprüfen, und zuletzt verwirklichte er tatsächlich das höchste Wissen. *Virocana* jedoch verstand die Wahrheit auf seine eigene Weise und verspürte keine Notwendigkeit, immer wieder zurückzugehen, um die höchste Wahrheit zu erkennen.

Es gibt eine ganze Reihe spiritueller Meister auf der Erde, die ihr Licht den Suchern anbieten, doch unglücklicherweise verstehen die Sucher ihre Botschaft der Wahrheit nicht. Wie können sie die Botschaft der Wahrheit, die Bedeutung der Wahrheit verstehen, die der Meister ihnen anbietet? Sie können es nur durch ihre Hingabe – ihre Hingabe an die Sache und ihre Hingabe an den Meister. Wenn sie ein Gefühl der Hingabe an ihren Meister und an die Sache der Selbstverwirklichung haben, dann kann die Wahrheit so verwirklicht werden, wie sie verwirklicht werden muß, und die Botschaft, die der Meister bringt, um die Unwissenheit zu vertreiben, kann nicht nur richtig verstanden, sondern auch in der Erdsphäre fest verankert werden. Wenn die Wahrheit hier auf der Erde dauerhaft errichtet ist, wird der Mensch mit dem Kranz des ewigen Sieges gekrönt werden.

Einblicke in die Weisheit der Veden und der Upanishaden

Nālpe sukham asti bhūmaiva sukham (*Chāndogyopaniṣad* VII.23.1)
Im Endlichen gibt es kein Glück.
Das Unendliche allein ist Glück.

Alles Endliche kann kein Glück in sich bergen, ganz zu schweigen von dauernder Glückseligkeit. Das Endliche birgt Vergnügen, welches jedoch nicht wahres Glück ist. Das Unendliche beherbergt wahres, göttliches Glück in unendlichem Maße, und gleichzeitig enthüllt es und bringt es der ganzen Welt seine Wahrheit, seinen eigenen Reichtum dar.

Das Unendliche drückt sich in unendlich vielen Formen und unendlich vielen Gestalten hier in der Welt der Vielfalt aus, und wiederum erfreut sich dieses Unendliche auf göttliche und erhabene Weise auf der höchsten transzendenten Ebene seines eigenen Bewußtseins. Hier in der Welt der Vielfalt drückt sich das Unendliche in drei Hauptformen aus. Schöpfung ist der erste Aspekt des Unendlichen. Der zweite Aspekt ist Erhaltung. Der dritte Aspekt ist Auflösung oder Zerstörung. Diese Begriffe: Schöpfung, Erhaltung und Zerstörung, sind philosophische und religiöse Begriffe. Aus spiritueller Sicht existierte die Schöpfung, existiert die Schöpfung und wird die Schöpfung erhalten. Wenn wir den Begriff Zerstörung benutzen, müssen wir sehr vorsichtig sein. In der inneren Schau des Allerhöchsten gibt es keine Zerstörung – nur Umwandlung. Wenn wir unsere Begehren verlieren, haben wir das Gefühl, sie seien zerstört worden. Doch sie wurden nicht zerstört – sie wurden nur in eine umfassendere Schau umgewandelt: in spirituelles Streben. Wir begannen unsere Reise mit Begehren, doch als wir das spirituelle Leben begannen, machte das Begehren dem Streben Platz. Das unerleuchtete Bewußtsein, das wir in Form von Begehren sehen, kann und wird durch das Streben in uns umgewandelt werden. Was wir mit unserem begrenzten Wissen und unserer begrenzten Sichtweise Zerstörung nennen, ist vom spirituellen Standpunkt aus betrachtet die Wandlung unserer unerleuchteten, unreinen, dunklen Natur.

Ekam evādvitīyam (*Chāndogyopaniṣad* VI.2.1)
Nur das Eine, ohne ein Zweites.

Aus dem Einen kamen wir ins Dasein, und am Ende unserer Reise werden wir zum unbedingten Einen zurückkehren müssen. Das ist die Reise der Seele. Wenn wir darunter eine äußere Reise verstehen, dann irren wir uns. Auf unserer äußeren Reise haben wir einen Ausgangspunkt und ein Endziel. Es mag einige Jahre oder viele Jahre dauern, bis wir unser Ziel erreichen, doch der Ausgangspunkt ist an einem Ort und das Ziel an einem anderen. Die innere Reise jedoch ist keine Reise in dem Sinn, daß der Anfang hier und das Ende anderswo ist. Auf unserer inneren Reise gehen wir tief in uns hinein und entdecken unsere eigene Wirklichkeit, unser eigenes vergessenes Selbst.

Wie entdecken wir unser vergessenes Selbst? Durch Meditation. Es gibt verschiedene Arten der Meditation: einfache Meditation, die jeder kennt, tiefe Meditation, die der spirituelle Sucher kennt, und höhere und höchste Meditation – die Meditation der Seele, in der Seele, mit der Seele, für das ganze Wesen. Wenn ein gewöhnlicher Sucher meditiert, meditiert er im Verstand. Wenn er etwas weiter fortgeschritten ist, meditiert er im Herzen. Wenn er im spirituellen Leben sehr weit fortgeschritten ist, kann er in der Seele und mit Hilfe der Seele meditieren, für die Manifestation des Göttlichen in der Menschheit.

Spirituelle Meister meditieren im Körper, im Vitalen, im Verstand, im Herzen und in der Seele ihrer Schüler. Diese Meister meditieren auch zugleich auf das Unendliche, Ewige und Unsterbliche. Für die wirklichen spirituellen Meister sind dies keine unklaren Begriffe. Es sind dynamische Wirklichkeiten, denn in ihrem inneren Bewußtsein schwimmen wirkliche spirituelle Meister im Meer der Unendlichkeit, Ewigkeit und Unsterblichkeit. Sie können sich mit Leichtigkeit auf diese drei Wirklichkeiten, die das Absolute darstellen, konzentrieren, darauf meditieren und kontemplieren.

Die Upanishaden sind aus vier Veden entstanden: dem *Ṛgveda* (Rigveda), dem *Sāmaveda*, dem *Yajurveda* und dem *Atharvaveda*. Jeder Veda hat der Menschheit etwas Einzigartiges anzubieten. Der erste und berühmteste Veda ist der Rigveda. Er beginnt mit dem kosmischen Gott *Agni*, dem Feuergott. Feuer bedeutet Streben. Streben und die Botschaft der Veden sind untrennbar. Dieses Feuer ist das Feuer des inneren Erwachens und der inneren aufsteigenden Flamme. Es ist ein Feuer ohne Rauch. Dieses Feuer verbrennt nichts, es erleuchtet nur und erhebt unser Bewußtsein. Der Feuergott ist der einzige kosmische Gott, der ein Brahmane ist. *Agni*, das Feuer, drückt sich in sieben Formen aus und besitzt sieben bedeutungsvolle innere Namen: *Kālī*, die Schwarze; *Karālī*, die Schreckliche; *Manojavā*, die Gedankenschnelle; *Sulohitā*, die Blutrote; *Sudhūmravarṇā*, die Rauchfarbene; *Sphuliṅginī*, die Funkensprühende; *Viśvarucī*, die All-Schöne (*Muṇḍakopaniṣad* 1.2.4).

Kālī, die Schwarze, ist im Grunde gar nicht schwarz. *Kālī* ist die göttliche Kraft oder das göttliche Feuer in uns, das gegen ungöttliche, feindliche Kräfte kämpft. Mutter *Kālī* kämpft auf dem Schlachtfeld des Lebens gegen die Dämonen. Auf der vitalen Ebene sehen wir sie als finstere, dunkle Gottheit, doch auf der höchsten Bewußtseinsebene ist sie golden. Wir sehen ihre schreckliche Form, wenn sie gegen feindliche Kräfte kämpft, doch sie ist die Mutter des Mitleids. Wir mißverstehen ihre dynamischen Eigenschaften – wir halten sie für aggressive Eigenschaften. Mutter *Kālī* hat unbegrenztes Mitleid, aber gleichzeitig duldet sie keine Trägheit, Unvollkommenheit, Unwissenheit oder Lethargie im Sucher. Schließlich ist *Kālī* auch unvergleichliche Schönheit. Diese Schönheit ist nicht physischer Natur. Diese Schönheit ist eine innere Schönheit, die das menschliche Bewußtsein zur höchsten Ebene der Wonne erhebt.

Der Samaveda schenkt uns Gottes Musik, die Musik der Seele. Darüber hinaus gibt er uns Indiens Religion, Indiens Philosophie und Indiens Politik. Alle diese großen Errungenschaften Indiens kommen aus dem Samaveda. Musik ist im Samaveda von höchster Bedeutung. Sie ist keineswegs wie moderne Musik; sie ist die echte seelenerweckende Musik. Der größte Weise der Vergangenheit, *Yājñavalkya*, sagte: »Die Wohnstatt der Musik ist der Himmel.« Der Samaveda enthält diese himmlische Musik, die die Seele erweckt und Lebenskraft schenkt.

Die meisten von Ihnen haben die *Bhagavadgītā,* den Himmlischen Gesang Krischnas, gelesen. Darin sagt Krischna: »Ich bin der Samaveda« (*Bhagavadgītā* 10,22). Er sagt nicht, er sei der Rigveda oder der Yajurveda oder der Atharvaveda. Nein, er sagt, er sei der Samaveda. Warum? Weil Krischna im Samaveda die Musik der Seele fand, die seine eigene Musik ist. Ein großer indischer Philosoph und Heiliger, *Patañjali,* beginnt seine Philosophie mit dem Samaveda, gerade wegen dessen innerer Musik. Würde man aus Gottes Schöpfung die Musik entfernen, wäre es eine leere Schöpfung. Gott der Schöpfer ist der erhabene Musiker, und seine Schöpfung ist sein einziges Entzücken. In seiner Musik erfährt Gott Glückseligkeit, und durch Musik bringt Er sich selbst seinen strebenden wie seinen nichtstrebenden Kindern dar.

Vom Samaveda erhalten wir die bedeutungsvollste Upanishad, die *Chāndogya* Upanishad. Diese Upanishad ist der *Bṛhadāraṇyaka* Upanishad gleich. Sie ist bei weitem die umfangreichste und nach Meinung vieler Leute nicht nur die umfangreichste, sondern auch die beste. Es gibt jedoch auch Leute, die die *Īśā* Upanishad, die sehr, sehr kurz ist, für die beste halten – nicht aufgrund ihres Umfangs, sondern wegen ihrer Tiefe. Andere werden sagen, die *Śvetāśvatara,* die *Kaṭha* oder die *Kena* Upanishad sei die beste. Jeder muß seine eigene aufrichtige Meinung über den Gehalt einer bestimmten Upanishad zum Ausdruck bringen können. Die *Chāndogya* Upanishad, die aus dem Samaveda kommt, hat aufrichtigen Suchern etwas sehr Wichtiges zu sagen. Eine Frage, die spirituellen Meistern oft gestellt wird, lautet: »Warum brauchen wir einen Lehrer? Können wir Gott nicht alleine verwirklichen?« In der *Chāndogya* Upanishad gibt es eine besondere Art und Weise, Zweifler und unstrebsame Menschen zu überzeugen, die nur um der Auseinandersetzung willen diskutieren.

Die *Chāndogya* Upanishad (*Chāndogyopaniṣad* VI.14.1 + 2). sagt: Stell dir vor, du seist auf der Reise. Du hast den Weg verloren, und ein Räuber überfällt dich. Er nimmt dir all deinen Reichtum und verbindet dir die Augen. Dann entführt er dich an einen weit entfernten Ort und läßt dich dort allein zurück. Ursprünglich konntest du sehen und dich frei bewegen, doch jetzt ist dein Schicksal jämmerlich. Du kannst nicht sehen, du kannst nicht gehen, du schreist wie ein hilfloses Kind, aber es gibt keine Rettung. Stell dir nun vor, es komme jemand, der dir die Augenbinde entfernt und dann davongeht. Jetzt bist du fähig, die Pfade um dich herum zu sehen, doch du wirst nicht wissen, welcher der richtige für dich ist, und selbst wenn du es wüßtest, könntest du ihn nicht betreten, weil deine Beine und deine Arme noch immer gefesselt sind. Das ist der Zustand eines Suchers, der Gott alleine verwirklichen will. Aber nehmen wir an, es käme jemand, der dir alle Fesseln abnimmt und dir zeigt, welcher Pfad dich heimbringen wird. Dieser Mensch hat dir wirklich einen Gefallen getan. Wenn du Glauben an ihn hast und Vertrauen in dich selbst, dann wirst du dein Ziel schnell und sicher erreichen. Wenn du Glauben an ihn hast, aber kein Vertrauen in deine eigene Fähigkeit, das Ziel zu erreichen, dann wird er mit dir gehen und dir helfen. Derselbe Lehrer, der dich von der Blindheit befreite und dir den Weg zeigte, wird mit dir gehen, in deinem Inneren, und dich anspornen. Er wird als dein eigenes Streben wirken, um dich zu deinem Ziel zu führen.

Wenn du diese Art von Hilfe von einem spirituellen Meister bekommst, kann dein Leben Bedeutung haben, kann es Früchte tragen, und du kannst dem Ziel sehr schnell entgegenlaufen. Andernfalls wirst du heute diesem Weg, morgen jenem Weg und am Tag darauf einem anderen Weg folgen. Du magst fähig sein zu gehen, aber du wirst immer wieder frustriert und enttäuscht zu deinem Ausgangspunkt zurückkehren. Wenn du nun nicht nur gehen kannst, sondern auch den richtigen Weg weißt und dazu einen echten Meister hast, um dir zu helfen, wer kann dich dann davon abhalten, dein Ziel zu erreichen? Wenn du erst einmal dein Ziel erreicht hast, hast du Gottes Höhen erreicht und beginnst, Gottes Licht auf der Erde zu manifestieren. Du bist erfüllt – erfüllte Vielfalt in der Umarmung der Einheit.

Die Krone der Seele Indiens

In den stillen Tiefen des Herzens der Upanishaden sehen und fühlen wir die glänzende Vereinigung der Spiritualität der Seele mit der Praxis des Lebens. In der Welt der Vorstellung, in der Welt des Strebens, in der Welt der Verwirklichung, in der Welt der Enthüllung und in der Welt der Manifestation besitzt die Seele der Upanishaden die göttliche Kühnheit, die höchste Führung zu übernehmen, weil dies ihre natürliche Rolle ist. Ihr Verständnis schließt alle Fehler der schwachen Menschheit ein. Ihre allumfassende Liebe ist das Lied der Selbstdarbringung.

Die Upanishaden sind zugleich der Strebsamkeitsschrei des Herzens und das Erfahrungslächeln der Seele. Sie besitzen die Schau der Einheit in der Vielfalt. Sie sind die Manifestation der Vielfalt in der Einheit.

Die Botschaft der Upanishaden ist das göttliche Leben, das Leben der verwandelten Menschheit, und das Leben eines erleuchteten Erdbewußtseins. Die Upanishaden sagen uns, daß das Aufgeben des Lebens der Wünsche die erfüllende Freude am Dasein in der Welt bedeutet. Diese Aufgabe ist weder Selbstverleugnung noch Selbstablehnung. Diese Aufgabe verlangt das Übersteigen des Ego, um frei die Lebensenergie der Seele einzuatmen und dennoch ein dynamisches und aktives Leben in der Welt zu führen, in der man die Höhe der Unendlichkeit, die Wonne der Ewigkeit und das Licht der Unsterblichkeit erlangen kann.

Jede der größeren Upanishaden ist ein Pfadfinder im Dickicht der Erfahrungen, die das menschliche Leben ausmachen. Jede größere Upanishad schenkt uns das intuitive Wissen und den inneren Mut, mit denen wir unseren Weg durch das Labyrinth von Kurven und Sackgassen, Zweifeln und Ausflüchten finden können. Wir erkennen schließlich, daß das Leben ein herrliches Abenteuer des strebenden Herzens, des suchenden Verstandes, des kämpfenden Vitalen und des wachen Körpers ist. Wir erforschen die verborgenen Orte erleuchtender Individualität und erfüllender Persönlichkeit. Verschwunden ist die Dunkelheit unseres Verstandes. Verschwunden ist die Armut unseres Herzens. Verschwunden ist die Unreinheit unseres Vitalen. Verschwunden ist die Unaufrichtigkeit unseres Körpers. Der

Zug des Lichtes ist angekommen. Das Flugzeug der Glückseligkeit ist da.

Die Upanishaden lehren, daß Glückseligkeit die Manifestation göttlicher Liebe ist, Bewußtsein die Manifestation der Seelenkraft und Dasein die Manifestation des Seins. In Glückseligkeit ist Brahman Wirklichkeit. In Liebe ist Brahman Göttlichkeit. In Bewußtsein kontempliert Brahman auf die Schau vollkommener Vollkommenheit. In der Seelenkraft wird Brahman zur Errungenschaft vollkommener Vollkommenheit. Im Dasein ist Brahman der ewige Liebende. Im Sein ist Brahman der ewige Geliebte.

Für die Gottverwirklichung benötigen wir einen Guru. Die *Kaṭha* Upanishad (*Kaṭhopaniṣad* 1.2.8) sagt: »Ein Sucher kann seinen Weg zu Gott nicht finden, wenn er nicht von einem anderen von Gott hört.« Die *Muṇḍaka* Upanishad (*Muṇḍakopaniṣad* 1.2.12) sagt: »Ein Sucher muß für seine innere Erleuchtung zu jemandem gehen, der das Selbst kennt.« Die *Praśna* Upanishad (*Praśnopaniṣad* 6.8) sagt: »O Vater, du hast uns hinübergetragen zu den goldenen Ufern.« Die *Kaṭha* Upanishad (*Kaṭhopaniṣad* 1.3.14) sagt: »Erhebe dich, erwache! Höre die Großen, und folge ihnen.« Die *Muṇḍaka* Upanishad (*Muṇḍakopaniṣad* 1.2.12) sagt: »Ein Guru ist der, dessen äußeres Wissen der Veda und dessen inneres Wissen die Kontemplation des Brahman ist.«

Ein Sucher, der die Upanishaden studiert und ein Leben der Selbsterforschung und Selbstdisziplin führt, kann niemals ein bloßer Schauspieler auf der Bühne des Lebens sein, sondern er ist eher ein spiritueller Regisseur und ein echter göttlicher Produzent. Darüber hinaus hat er zwei breite Schultern, und die Last der Welt macht ihm nichts aus. Er fühlt, daß es seine Pflicht ist, dem blutenden Herzen der Menschheit zu helfen. Sein Leben ist Unabhängigkeit in Gedanken und Geist. Der gottgeweihte Dienst seines Herzens erhält reichen Lohn von oben. Dieser Sucher ist ein Meister seiner eigenen Lebensphilosophie geworden: die Göttlichkeit in der Menschheit zufriedenzustellen.

Taccakṣur devahitaṃ śukram uccarat paśyema śaradaḥ śatam... (*Ṛgveda* VII.66.16)
Mögen wir dieses strahlende Auge hundert Herbste gottbefohlen vor uns sich erheben sehen...

Hundert Jahre zu leben bedeutet mehr als nur unser Dasein hier auf Erden in die Länge zu ziehen. Man muß gegen die Unwissenheit kämpfen. Oberflächliche Bemühungen können uns nicht zu Gott bringen. Gott zu verwirklichen braucht Zeit. Mehr Zeit braucht es, Gott zu enthüllen. Und noch mehr Zeit braucht es, Gott zu manifestieren. Aus diesem Grund beteten die Seher der Veden für Gesundheit und ein langes Leben. Sie ermahnten uns auch, alles zu vermeiden, was der Gesundheit abträglich ist.

Uru ṇas tanve tan
Uru kṣayāya nas kṛdhi
Uru ṇo yaṃdhi jīvase (*Ṛgveda* VIII.68.12)
Für unseren Körper gib uns Freiheit.
Für unser Heim gib uns Freiheit.
Für unser Leben gib uns Freiheit.

Vivekananda, der große Vertreter des Vedanta, voll unbezwingbaren Mutes, sagte: »Freiheit – körperliche Freiheit, geistige Freiheit und spirituelle Freiheit – ist das Schlüsselwort der Upanishaden.«

Um Freiheit zu erlangen, brauchen wir Energie, Kraft und Geist. Und hier ist das mächtigste Gebet dafür:

Tejo 'si tejo mayi dhehi
Vīryam asi vīryaṃ mayi dhehi
Balam asi balaṃ mayi dhehi
Ojo 'si ojo mayi dhehi
Manyur asi manyur mayi dhehi
*Saho 'si saho mayi dhehi**

* *Yajurveda, Vājasaneyisaṃhitā* 19.9.

Deine feurige Seele rufe ich an.
Deine männliche Stärke rufe ich an.
Deine Kraft und Energie rufe ich an.
Deinen Kampfeszorn rufe ich an.
Deinen Eroberungsgeist rufe ich an.

Die Upanishaden nehmen dem Leben gegenüber immer eine unerschrockene Haltung ein: Fortschritt, ständiger Fortschritt, ist das Kennzeichen des Zeitalters der Veden und der Upanishaden.

Prehi, abhīhi, dhṛṣṇuhi (*Ṛgveda* I.80.3)
Geh vorwärts, fürchte nichts, kämpfe.

Kämpfe wogegen? Gegen Unfreiheit, Unwissenheit und Tod. Das Leben ist unser. Somit muß der Sieg auch unser sein. Alles, was dem Sucher im Wege steht, muß ohne Zögern beiseite geworfen werden. Das Leben eines Suchers kennt keinen Kompromiß.

Die größte Sehnsucht der Upanishaden ist die Sehnsucht nach der letzten Wahrheit. Diese Wahrheit kann von einem echten Sucher erlangt werden, der viele göttliche Eigenschaften besitzt und dessen Liebe zu Gott jede andere Liebe überwiegt. Der Sucher braucht drei Dinge: *Vrata,* Widmung seiner selbst, *Kṛpā,* Gnade, und *Śraddhā,* Glauben. Wer diese drei Eigenschaften in sich hat, erlangt unfehlbar *Satya,* die Wahrheit.

Wer will gerne allein bleiben? Niemand, nicht einmal der Höchste, der Erstgeborene, *Virāṭ.* Es kam eine Zeit, da Er die Notwendigkeit verspürte, die kosmischen Götter aus sich zu erschaffen. Aus seinem Mund erschuf Er den Feuergott *Agni,* den einzigen *Brāhmaṇa*-Gott. *Indra, Varuṇa, Yama, Īśāna* und andere wurden aus Seinen Armen erschaffen. Sie sind *Kṣatriya*-Götter. Dann erschuf Er die *Vasus,* die *Rudras,* die *Maruts* und andere Götter aus Seinen Oberschenkeln. Dies sind die *Vaiśya*-Götter. Aus Seinen Füßen erschuf Er *Pūṣan*. *Pūṣan* ist der *Śūdra*-Gott.*

Ein *Brāhmaṇa* (Brahmane) verkörpert Wissen. Ein *Kṣatriya* verkörpert Kraft. Ein *Vaiśya* verkörpert Wohlstand. Ein *Śūdra* verkörpert das Geheimnis der Widmung seiner selbst. Diese vier Brüder sind die Glieder des kosmischen Wesens. Obwohl sie sich äußerlich durch ihre Eigenschaften und ihre Fähigkeiten unterscheiden, sind sie im Geiste untrennbar eins.

Brahman, oder das Höchste Selbst, ist die größte Entdekkung der Upanishaden. Keine menschliche Seele weiß oder wird jemals wissen, wann die Unwissenheit in uns eingedrungen ist, denn die erdgebundene Zeit ist selbst eine Schöpfung der Unwissenheit. Dennoch braucht ein Mensch, der im Meer der Unwissenheit schwimmt, nicht zu ertrinken. Die Seher aus uralter Zeit, die Kenner des Brahman, verkünden uns in unmißverständlichen Worten, daß sich alle menschlichen Wesen aus den Fesseln der Unwissenheit lösen können und müssen. Diejenigen, die die transzendente Wahrheit kennen, verkünden uns auch, daß die individuelle Seele in Wirklichkeit identisch ist mit dem Höchsten Selbst. Die Schwierigkeit ist nur, daß das Individuum sich nicht an seine wahre transzendente Natur erinnert. Schließlich verkünden sie uns: »Das Selbst zu kennen heißt, das Selbst zu werden.« Aufgrund seiner unmittelbaren Verwirklichung kann einer, der das Brahman kennt, erklären: *»Aham Brahmāsmi«* (*Bṛhadāraṇyakopaniṣad* I.4.10)», »Ich bin Brahman«.

Zum Abschluß dieser Ausführungen über die Upanishaden, »Die Krone der Seele Indiens«, erklärt meine Erkenntnis, daß die Macht des Geistes, die Macht des Herzens und die Macht der Seele des Bewußtseins der Upanishaden gren-

---

* *Bṛhadāraṇyakopaniṣad* I.4.11–I.4.15; vgl. auch die berühmte Puruscha-Hymne *Ṛgveda* X.90.

zenlos sind. Shankara verkörpert die Macht des Geistes auf dem Gebiet der Philosophie; auf dem Gebiet dynamischer Spiritualität verkörpert Ramana Maharshi, der große Weise von Arunachala, die Macht des Geistes. Christus, Buddha und Sri Chaitanya von Nadia in Bengalen verkörpern die Macht des Herzens. Sri Krischna und Sri Ramakrischna verkörpern die Macht der Seele. In Sri Aurobindo erreichte die Schau der Macht des Geistes ihren Höhepunkt, und die Verwirklichung der Macht der Seele fand ihre erfüllende Manifestation auf der Erde. Diese und andere spirituelle Größen steuern das Lebensboot der Menschheit zur transzendenten Wohnstatt des Allerhöchsten.

Das Brahman der Upanishaden

Das Herz der Upanishaden ist äußerst bedeutungsvoll und fruchtbar, denn es birgt in sich das Leben des Brahman. Brahman ist die Wirklichkeit im Dasein; Brahman ist das Dasein der Wirklichkeit. Die ewige Wahrheit des Brahman ist im Endlichen, jenseits des Endlichen, im Unendlichen und jenseits des ewig sich selbst übersteigenden Unendlichen.

In der Sphäre von Verwirklichung und Erkenntnis ist Brahman das Allerhöchste Absolute. Im Bereich der Offenbarung ist Brahman die Allgegenwärtige Wirklichkeit. Und im Feld der Manifestation ist Brahman die unsterblich machende Vollkommenheit.

Brahman der Schöpfer ist das Bewußtseinslicht; Brahman der Vollbringer ist die Bewußtseinswonne. Brahman ist die innere Seele von allem und das alleinige Ziel in allem.

AUM

Wenn wir nach innen blicken, ist Brahman Bewußtseinskraft. Wenn wir nach außen blicken, ist Brahman Selbstoffenbarung. Wenn wir mit unserem Verstand, dem erdgebundenen Verstand, dem begrenzten, verfälschenden, komplizierten, unstrebsamen Verstand an Brahman denken, wird unser ganzes Leben zu reiner Enttäuschung. Aber wenn wir im Herzen, in den stillen Winkeln des Herzens, auf Brahman meditieren, wird unser Leben zu reiner Erleuchtung.

AUM

Für einen Nicht-Sucher ist Brahman unerkennbar. Für einen Anfänger ist Brahman unerkannt. Für einen Meister-Sucher ist Brahman erkennbar, Brahman erkannt. Überdies wird er selbst zum Bewußtsein des Brahman.

Sarvaṃ khalvidaṃ brahma (*Chāndogyopaniṣad* III.14.1)
Wahrlich, alles ist Brahman.

Das Ewige ist das innere Dasein. Das Ewige ist das Äußere Dasein.

Es gibt kein bleibendes Glück im Endlichen. Nur im Unendlichen können wir die Botschaft ewiger Wonne hören: *Ānandaṃ Brahma* und *Anantaṃ Brahma*. Dies sind die zwei Hauptaspekte des Brahman. *Ānandaṃ Brahma* ist das Leben der allerleuchteten Wonne und der allerfüllenden Wonne. *Anantaṃ Brahma* ist das Leben der Unendlichkeit.

Hier auf der Erde wächst das Leben der Unendlichkeit unaufhörlich für die Erfüllung des absoluten Brahman. Darum singen die Seher der Upanishaden aus den Tiefen ihrer Herzen von der überweltlichen Wonne des Brahman.

Ānandāddhyeva khalvimāni bhūtāni... (*Taittirīyopaniṣad* III.6)

Aus der Höchsten Wonne kamen wir ins Dasein; in Wonne wachsen wir und spielen unsere Rollen; und am Ende unserer Reise gehen wir in die Höchste Wonne ein.

Und wenn die Seher in Brahman Unendlichkeit sahen, sangen sie:

*Aum, Pūrṇam idaṃ pūrṇam adaḥ . . .**
Dieses ist Unendlichkeit.
Jenes ist Unendlichkeit.
Aus Unendlichkeit ist Unendlichkeit entstanden.
Wenn von Unendlichkeit Unendlichkeit hinweggenommen wird, verbleibt Unendlichkeit.

Brahman ist tätig, und Brahman ist untätig. Das tätige Brahman wirkt innen und wird außen. Auch wirkt das tätige Brahman außen und wird innen. Aber das untätige Brahman ist die völlige Freiheit des Nichtwirkens und die vollständige Freiheit im Nichtwirken.

Brahman ist zugleich das ewig Ungeborene und ewige Geburt und Wachstum des Daseins. Brahman ist die Nacht der Unwissenheit. Brahman ist das Licht des Wissens. Brahman die Unwissenheitsnacht braucht vollständige Umwandlung. Brahman das Wissenslicht braucht vollständige Offenbarung.

Das ganze Universum entstand aus Brahman dem Samen. Als Brahman aus sich heraustreten wollte, trat Es zuerst in Form von vier wichtigen Welten aus sich heraus: *Ambhas*, die höchste Welt; *Marīci*, der Weltenraum; *Mara*, die sterbliche Welt, die Erde; und *Apa*, die Welt unter der Erde.** Dann sandte Es die Wächter dieser Welten hervor. Als nächstes erschuf Es Nahrung für sie. Dann erkannte Brahman, daß Es Selbst an Seinem kosmischen Spiel teilzunehmen habe, und darum ging Es durch Seine Yogamacht in

---

* Invokation zur *Īśopaniṣad*, zur *Bṛhadāraṇyakopaniṣad* und zu anderen Upanishaden. Im Kapitel »Flammenwellen aus dem Upanishadenmeer I« werden diese letzten beiden Mantren vollständig angeführt.

** Diese Weltenreihe ist eine sehr alte vedische Aufzählung, die später zugunsten der Lehre von den sieben Welten aufgegeben wurde.

das Kosmische *Līlā* (Spiel) ein. Zuerst trat Es in den menschlichen Körper durch den Schädel ein. Der Eingang, durch welchen Brahman eintrat, wird das Tor der Wonne genannt. Dieses Tor ist das höchste Bewußtseinszentrum. Es ist als *Sahasrāra*, der tausendblättrige Lotus, bekannt. Es befindet sich im Zentrum des Gehirns. Die Erkenntnis des Yogi geht dort ein und wird mit dem Bewußtsein des Brahman eins.

Brahman hat viele Namen, doch sein geheimer Name ist *AUM*.

Praṇavo dhanuḥ śaro hyātmā brahma tallakṣyam (*Muṇḍakopaniṣad* 2.2.4)
AUM ist der Bogen, und Atma, das Selbst, ist der Pfeil.
Brahman ist das Ziel.

Durch wiederholte Übung wird der Pfeil im Ziel, dem Brahman-Bewußtsein, festgehalten. Das bedeutet, durch regelmäßige Konzentration, Meditation und Kontemplation geht der Sucher in das Absolute Bewußtsein des Brahman ein.

Die Schöpfung ist das erhabene Opfer des Brahman. Die Schöpfung ist keineswegs eine mechanische Gestaltung. Die Schöpfung ist ein spiritueller Akt, in höchster Weise die göttliche Herrlichkeit von Brahman enthüllend, manifestierend und erfüllend. Der göttliche Baumeister ist jenseits der Schöpfung, und zu gleicher Zeit offenbart Er Sich in und durch die Schöpfung.

Brahman erschuf aus Seinem Wesen Priester, Krieger, Händler und Diener. Dann erschuf er das Gesetz. Nichts kann höher sein als dieses Gesetz. Dieses Gesetz ist die Wahrheit. Wenn ein Mensch die Wahrheit spricht, verkündet er das Gesetz. Wenn er das Gesetz verkündet, spricht er die Wahrheit. Die Wahrheit und das Gesetz sind untrennbar eins.

Die indische Mythologie hat die Zeit – nicht die erdgebundene Zeit, sondern die ewige Zeit – in vier Abschnitte eingeteilt: *Satyayuga*, *Tretayuga*, *Dvāparayuga* und *Kaliyuga*. Gemäß der Ansicht vieler befinden wir uns jetzt im *Kaliyuga*. Brahman schläft fest im *Kaliyuga*. Es befindet sich im Sumpf von Nichtbewußtsein und Unwissenheit. Im *Dvāparayuga* erwacht Es und schaut um sich. Im *Tretayuga* steht Es auf und ist im Begriff, vorwärts zu gehen. Im *Satyayuga*, dem Goldenen Zeitalter, bewegt Es sich schnell und immer schneller auf sein Ziel zu (Aitareyabrāhmaṇa 7.15.5). Die Botschaft der Veden, die ewige Botschaft der arischen Kultur und Zivilisation*, die Verwirklichung der indischen Weisen und Seher, ist Bewegung, innerer Fortschritt, des Lebens Vorwärtsschreiten auf das vorausbestimmte Ziel zu.

Caraiveti, caraiveti
Vorwärts, immer nur vorwärts!

Das Gayatri-Mantra

*Aum*** *bhūr bhuvaḥ svaḥ*
Tat savitur vareṇyam
Bhargo devasya dhīmahi
*Dhiyo yo naḥ pracodayāt****

---

* Die alten vedischen Inder nannten sich selbst »Āryāḥ«, was soviel wie »Edle« bedeutet. Ihr Land am Ganges nannten sie damals *»Āryāvarta«* (Land der Aryas). Daher werden auch die nordindische Kultur und die nordindischen Sprachen häufig als arische Kultur bzw. arische Sprachen bezeichnet.

** Hier wie auch sonst schreibt Sri Chinmoy wieder »AUM« statt des üblicheren »OM«. Siehe dazu die Anmerkung zum Veda-Kommentar auf S. 32.

*** *Ṛgveda* III.62.10. Die erste Zeile *(Oṃ bhūr bhuvaḥ svaḥ)* besteht aus dem Mantra Om und der sogenannten »großen *Vyāhṛti*«, die Aufzählung der ersten drei der sieben Welten (siehe die Anmerkung zum Veda-Kommentar auf S. 19), welche in dieser Form den Opfermantren häufig vorangestellt wird.

Wir meditieren auf die erhabene Herrlichkeit der Höchsten Gottheit, die im Herzen der Erde ist, im Leben der Luft und in der Seele des Himmels. Möge Sie unseren Geist erwecken und erleuchten.

Das *Gāyatrī-Mantra* ist das heiligste Mantra der Veden. Es ist die Mutter aller Mantren. Mantra bedeutet Anrufung. Ein Mantra kann aus einem einsilbigen Wort oder aus mehreren Worten bestehen, aus einem Satz oder auch aus mehreren Sätzen. Das Gayatri-Mantra kann dem aufrichtigen Sucher das Licht des Unendlichen, die Wonne des Ewigen und das Leben des Unsterblichen geben.

Das Gayatri-Mantra hat vier Versfüße. Der erste Versfuß besteht aus Erde, der Luft und dem Himmel. Der zweite Versfuß besteht aus dem Rigveda, dem Yajurveda und dem Samaveda. Der dritte Versfuß besteht aus *prāṇa, apāna* und *vyāna*. Der vierte Versfuß besteht aus der Sonne, aus dem Sonnenwesen.

Wenn ein Sucher der unendlichen Wahrheit auf das Gayatri-Mantra meditiert, wird das Ergebnis unermeßlich sein.

Bhūmi, die Erde, *antarikṣa,* die Luft, und *dyaus*, der Himmel, machen den ersten Versfuß des Gayatri-Mantra aus. Wer immer die Bedeutung des ersten Versfußes verwirklicht, gewinnt alles, was diese drei Welten enthalten.

Ṛcaḥ, Yajūṁṣi und *Sāmāni** machen den zweiten Versfuß des Gayatri-Mantra aus. Wer immer diesen zweiten Versfuß des Gayatri-Mantra verwirklicht, gewinnt das Wissensmeer der drei Veden.

Prāṇa, apāna und *vyāna,* die drei Formen der Lebenskraft, machen den dritten Versfuß des Gayatri-Mantra aus. Wer diesen Versfuß verwirklicht, gewinnt alle lebenden Wesen, die im Universum existieren.

---

* *Ṛcaḥ, Yajūṁṣi, Sāmāni* sind die Verse bzw. Sprüche des Rig-, Yajur- und Samaveda.

Turīyam, das Vierte, das transzendente Sonnenwesen, das alleine scheint, ist der vierte Versfuß. Wer diesen Versfuß verwirklicht, erstrahlt in unendlicher Herrlichkeit.

Der Weg zu *Mokṣa*, zur Befreiung, ist subtil. Der Weg zur Befreiung ist hart. Doch ein echter Sucher kann das Ziel erreichen, indem er nur auf das Gayatri-Mantra meditiert. Wenn man befreit ist aus den Fesseln der Unwissenheit, wächst man in die überirdische Herrlichkeit des alles überragenden Selbst. Befreiung kann erlangt werden, muß erlangt werden, während die Seele des Suchers im Körper ist. Verwirklicht man Gott nicht auf der Erde, so bedeutet das, mit zwei weiteren Schwimmern im Meer der Unwissenheit zu schwimmen: mit unwissender Geburt und schamlosem Tod. Hat man die Befreiung erlangt, sind die Ketten des Leids zerstört. Vor der Befreiung aber müssen wir wie der Buddha verkünden: »Diese vergängliche Welt ist die Stätte des Leidens.«*

Die Nacht zahlloser Wünsche, die das Herz des Suchers belagert, muß mit dem glühenden Licht des Strebens vertrieben werden. Ist das geschehen, so erlangt der Sucher Brahman. Er wird unsterblich. Ewiges Licht ist sein neuer Name. Heute fühlt der Sucher, daß das Gayatri-Mantra die Inspiration seines Verstandes ist. Morgen wird er fühlen, daß das Gayatri-Mantra die Verwirklichung seiner Seele ist.

Durch Inspiration sieht der Sucher die Wahrheit.
Durch spirituelles Streben verwirklicht der Sucher die Wahrheit.
Durch Verwirklichung wird der Sucher zur Wahrheit.

Inspiration ist Stärke.
Spirituelles Streben ist Licht.
Verwirklichung ist Leben.

---

* Das ist die erste der sogenannten Vier Edlen Wahrheiten, die der Buddha verkündet hat.

Inspiration rennt.
Spirituelles Streben fliegt.
Verwirklichung taucht.

Inspiration ist das Lächeln Gottes.
Spirituelles Streben ist der Ruf Gottes.
Verwirklichung ist die Liebe Gottes.

Das Gayatri-Mantra ist ewiges göttliches Wissen. Wenn dieses Wissen im strebenden Herzen des Suchers dämmert, braucht er nicht länger zu suchen, weder auf Erden noch im Himmel. Er enthüllt, was er erlangt. Er manifestiert, was er enthüllt.

In den Veden finden wir zwei wichtige Worte: *Satyam* und *Ṛtam*. *Satyam* ist die Wahrheit in ihrem reinen Sein. *Ṛtam* ist die Wahrheit in ihrer dynamischen Bewegung. Ein weiteres Wort ist *Bṛhat*, das bedeutet Weite in der Form. Was wir Schöpfung nennen, ist die Manifestation des Unmanifestierten, *Asat*. Unseren Schriften zufolge geschah die Manifestation mit dem *Anāhatadhvani*, dem klanglosen Klang, *AUM*.

Die *Gāyatrī* ist *Savitṛ* geweiht, dem Schöpfer. Die Wurzel des Wortes *Savitṛ* ist *»su«*, »erschaffen« oder »hervorbringen«. Dieses Mantra ist auch bekannt als *Sāvitrī*-Mantra, denn *Sāvitrī* ist die *Śakti** von *Savitṛ*. Dieses Mantra wurde von *Viśvāmitra*, dem großen Rishi, geschaut. *Savitṛ* wird betrachtet als *Brahmā*, *Viṣṇu* und *Śiva*. *Brahmā* der Schöpfer, mit *Brahmāṇī* als seiner Shakti; *Viṣṇu*, der Erhalter, mit seiner Shakti *Vaiṣṇavī*; und *Śiva* oder *Rudra*, der Zerstörer, mit seiner Shakti *Rudrāṇī* begeben sich regelmäßig zum Brahman. Das Reittier *Viṣṇus* ist der Adler. Das Reittier *Brahmās* ist der Schwan. Das Reittier *Śivas* ist der Stier.

---

* *Śakti* bedeutet »Kraft« oder »Fähigkeit«. Die *Śakti* eines Gottes ist sein eigener Aspekt schöpferischer, wirkender Macht und wird in der Mythologie als seine Gefährtin dargestellt.

Das Gayatri-Mantra ist die göttliche Kompaßnadel. Die Kompaßnadel zeigt nach Norden, daher kommt das Schiff nicht vom Kurs ab. Das Gayatri-Mantra zeigt immer auf die transzendente Höhe des Allerhöchsten, daher verfehlt der Sucher nicht sein Ziel: Sein, Bewußtsein, Glückseligkeit.

Der Reise Beginn, der Reise Ende

AUM

Der Beginn der Reise und das Ende der Reise. Menschliches Streben ist der Beginn der Reise. Göttliche Manifestation ist das Ende der Reise. Geburtlos ist die Geburt der Reise, und endlos ist das Ende der Reise.

Wir kamen; wir werden zurückkehren. Wir kamen vom höchsten Wesen. Zum höchsten Wesen werden wir zurückkehren. Wir verkörpern das Erdbewußtsein und das Himmelsbewußtsein. Das Erdbewußtsein spornt uns an, auf die allüberragende Wahrheit zu meditieren und die allüberragende Wahrheit in der Seele des Himmels zu verwirklichen. Das Himmelsbewußtsein spornt uns an, auf Liebe zu meditieren und Liebe im Herzen der Erde zu manifestieren.

Wir wissen, wir wachsen und wir werden. Wir wissen im Himmel. Wir wachsen hier auf der Erde. Wir werden zur alles überragenden Wahrheit. Was wir wissen, ist Wirklichkeit. In was wir hineinwachsen, ist Unsterblichkeit. Was wir zuletzt werden, ist die Vollkommenheit der Göttlichkeit. Wirklichkeit verkörpert Unsterblichkeit und Göttlichkeit. Unsterblichkeit und Göttlichkeit manifestieren Wirklichkeit.

Die Upanishaden lehren uns die bedeutungsvolle Wahrheit, daß jeder einzelne Sucher inneren Frieden und äußere Freiheit haben muß. Nur in innerem Frieden kann man wahre äußere Freiheit besitzen. Von den Upanishaden lernen wir, Gott zu entdecken, den inneren Menschen, und sehen den Menschen, den enthüllten Gott. Die Upanishaden sagen uns, daß die Gott ergebenen menschlichen Wesen, die Gott hingegebenen menschlichen Seelen Gottes Notwendigkeit sind und daß jedem verwirklichten Menschen Gottes uneingeschränkte, unendliche Fähigkeiten gegeben werden.

Hier ist das Geheimnis der Upanishaden: Liebe, diene, und werde. Liebe das Leben Gottes im Menschen, diene dem Licht Gottes im Menschen, und werde zu Gottes vollkommener Vollkommenheit hier auf der Erde.

Wir können die Botschaft aller Upanishaden in zwei Worten zusammenfassen: Streben und Manifestation. Streben ist der Weg, und Manifestation ist das Ziel. Streben ist das Lied des unendlichen ewigen Bewußtseins in uns. Manifestation ist der Tanz der Vielfältigkeit der Einheit in uns und um uns. Streben ist die Höhe unserer Glückseligkeit, und Manifestation ist das Licht der allnährenden und allerfüllenden Glückseligkeit.

AUM

Jede Seele bedarf der Involution und der Evolution. Wenn die Seele herabkommt, ist dies die Involution der Seele. Wenn die Seele emporsteigt, ist dies die Evolution der Seele. Die Seele begibt sich in den tiefsten Abgrund der Unwissenheit. Die Seele entwickelt sich daraus wieder zu *Saccidānanda* – Sein, Bewußtsein, Glückseligkeit –, dem dreifachen Bewußtsein.

Die Seele tritt in die Unbewußtheit ein. Millionen von Jahren verweilt sie dort, in tiefem Schlaf. Eines Tages öffnet plötzlich ein Bewußtseinsfunken des ewig sich selbst übersteigenden Jenseits ihre Augen, und nun hat die Stunde für ihre Selbsterforschung geschlagen. »Wer bin ich?« fragt sie. Die Antwort ist *»Tat twam asi«* (*Chāndogyopaniṣad* VI.8.7 ff.), »Das bist Du«. Die Seele erbebt. Dann schläft sie wieder ein. Wieder fällt sie in Selbstvergessenheit. Nach einiger Zeit erwachen weitere Fragen: Wem gehöre ich? Ich gehöre Dem. Woher komme ich? Von Dem. Zu Wem kehre ich zurück? Zu Dem. Für Wen bin ich hier auf der Erde? Für Das.

Dann ist die Seele zufrieden. Sie ist nun ganz bereit für ihre Reise aufwärts – hoch, höher, am höchsten. In diesem Augenblick sieht die Seele das Selbst, ein genaues Ebenbild des höchsten Wesens hier auf der Erde, und die Evolution der Seele beginnt nun wirklich. Vom Mineralreich geht die Seele ins Pflanzenreich, vom pflanzlichen tritt sie ins tierische Leben über, vom tierischen ins menschliche und vom menschlichen ins göttliche Leben. In ihrer menschlichen Phase bringt die Seele Frieden, Licht und Glückseligkeit von oben herab. Zuerst bietet sie diese göttlichen Eigenschaften dem Herzen an, dann dem Verstand, dann dem Vitalen, dann dem groben Körper. Wenn die Erleuchtung stattfindet, sehen wir sie im Herzen, im äußeren Verstand, im Vitalen und im grob-physischen Körper.

Die Upanishaden werden auch Vedanta genannt. Vedanta bedeutet das Ende der Veden, die Krone der Veden, die Essenz der Veden. Man sagt, Vedanta sei das Ende aller Unterschiede – der Punkt, an dem es keinen Unterschied mehr geben kann zwischen dem Tiefsten und dem Höchsten, zwischen dem Endlichen und dem Unendlichen.

AUM

Unsere Reise beginnt mit spirituellem Streben. Was ist spirituelles Streben? Spirituelles Streben ist der innere Schrei, der innere Hunger nach der unendlichen Weite. Dieses Streben hat einen sehr aufrichtigen Freund – Konzentration. Wie konzentrieren wir uns, worauf konzentrieren wir uns? Wir konzentrieren uns auf einen Gegenstand, auf ein Wesen, auf eine Form oder auf das Formlose. Wenn wir uns mit Hilfe des Verstandes konzentrieren, fühlen wir, daß wir letztendlich die Weite der Wahrheit sehen werden. Wenn wir uns mit Hilfe des Herzens konzentrieren, fühlen wir, daß wir eines Tages die unmittelbare Nähe zum allumfassenden Bewußtsein und zu Gott dem ewigen Geliebten spüren werden. Wenn wir uns mit dem Licht unserer Seele konzentrieren, fühlen wir, daß der Mensch Gott in seiner Vorbereitung und Gott der Mensch am höchsten Punkt seiner Entwicklung ist.

Der unstrebsame Verstand ist unser wirkliches Problem. Zu einem gewissen Grad ist der menschliche Verstand notwendig. Ohne ihn würden wir im Tierreich verbleiben. Doch wir müssen wissen, daß der menschliche Verstand sehr begrenzt ist. Der menschliche Verstand ist unzulänglich. In ihm kann es kein bleibendes Licht, Leben oder bleibende Glückseligkeit geben. Der menschliche Verstand sagt uns, das Endliche sei das Endliche und das Unendliche sei das Unendliche. Zwischen beiden gähne ein Abgrund. Sie seien wie Nordpol und Südpol. Was immer unendlich ist, könne nie endlich sein, und umgekehrt. Unendlichkeit, so fühlt der Verstand, sei unerreichbar. Und wenn etwas endlich ist, kann sich der menschliche Verstand einfach nicht vorstellen, daß auch das Gott ist. Darüber hinaus fühlt dieser Verstand auch oft, daß Gott aufgrund seiner Erhabenheit unbeteiligt und gleichgültig sei.

Wenn wir im Herzen meditieren, erkennen wir schließlich, daß Gott unendlich und daß Gott allmächtig ist. Wenn Er unendlich ist, dann kann Er aufgrund seiner Allmacht auch endlich sein. Er ist in unseren vielfältigen Tätigkeiten zugegen; Er ist überall. Er schließt alles ein; Er schließt nichts aus. Diese Erkenntnis kann uns unsere innere Meditation schenken. Die Meditation unseres Herzens sagt uns auch, daß Gott uns lieber als das Liebste ist und daß Er unser einziger Geliebter ist.

Inspiration, spirituelles Streben und Verwirklichung – dies sind die drei Stufen der spirituellen Leiter. Wenn wir mit Gottes unendlicher Güte vom Endlichen zum Unendlichen emporklettern wollen, dann ist die erste Stufe Inspiration, die zweite spirituelles Streben und die dritte Verwirklichung, unser vorausbestimmtes Ziel.

Um das Höchste zu erreichen, werden wir zu Inspiration, spirituellem Streben und Verwirklichung; und um das Höchste hier auf der Erde zu manifestieren, werden wir zu Mitleid, Anteilnahme und Liebe. So beginnen wir unsere Reise, und so beenden wir unsere Reise. Wenn wir jedoch mit unserem Inneren Lenker eins werden, gibt es keinen Anfang, gibt es kein Ende. Sein kosmisches *Līlā,* das göttliche Spiel, ist ohne Geburt und ohne Ende. In menschlicher Erkenntnis ist Gott in uns Streben und Verwirklichung, gebunden durch das Erdbewußtsein und gebunden durch irdische Zeit. Doch in göttlicher Erkenntnis ist Gott das Jenseits, das ewig sich selbst übersteigende Jenseits. Er spielt das Spiel des ewig sich selbst übersteigenden Jenseits, und Er selbst ist die Manifestation dieses ewig sich selbst übersteigenden Jenseits. Wenn wir Ihn bewußt erkennen, verwirklichen und untrennbar eins mit Ihm werden, spielen auch wir sein göttliches Spiel, das Spiel der Unendlichkeit, Ewigkeit und Unsterblichkeit.

AUM AUM AUM

Leben und Tod, Ātman und Paramātman

Die Upanishaden kommen von den Veden. Sie enthalten die Aufzeichnungen ewiger Wahrheiten. Diese Wahrheiten wurden von verschiedenen Sehern zu verschiedenen Zeiten entdeckt und der Menschheit überliefert.

Das Leben ist ein Problem und der Tod ebenfalls. Die spirituell strebenden Aryas der fernen Vergangenheit wollten diese beiden Probleme lösen. Bald erkannten sie, daß ihre Sinne beim Lösen dieser zwei großen Probleme keine Hilfe bieten konnten. Sie erkannten schließlich auch, daß nur die Erkenntnis der letzten Wirklichkeit das Problem von Leben und Tod ein für allemal lösen kann.

Plötzlich traten zwei göttliche Soldaten auf. Keiner weiß, woher sie kamen. Diese beiden Soldaten waren Inspiration und spirituelles Streben. Der erste Soldat, Inspiration, befahl ihnen: »Gebt das Studium des Körpers auf!« Sofort gaben sie es auf. Der zweite Soldat, spirituelles Streben, befahl: »Beginnt mit dem Studium der Seele!« Sofort begannen sie damit. Und siehe, der König und die Königin vom goldenen Ufer des Jenseits bekränzten sie, die Sucher, die Seher und die Erkenner von Licht und Wahrheit.

Was ist eigentlich die Bedeutung der Upanishaden? Fragt man einen westlichen Sucher, so wird er sofort antworten: »Ganz einfach: Sitze zu Füßen des Meisters, und lerne.« Stellt man einem östlichen Sucher die gleiche Frage, wird er ruhig sagen: »Sehr schwierig: Verwandle menschliche Dunkelheit in göttliches Licht.« Beide, der westliche wie der östliche Sucher, haben vollkommen recht. Ohne Meister keine Entdeckung der alles überragenden Wirklichkeit. Ohne Umwandlung des Dunkels keine Manifestation der Göttlichkeit auf der Erde.

Wer braucht die Wahrheit? Ein Sucher. Wann erringt er die Wahrheit? Er erringt die Wahrheit, wenn er der selbsthingegebene und göttliche Liebende wird.

Seine erste Errungenschaft ist Gott der Schöpfer.
Seine zweite Errungenschaft ist Gott der Erhalter.
Seine dritte Errungenschaft ist Gott der Umwandler.
Seine vierte Errungenschaft ist: Du bist Das.
Seine fünfte Errungenschaft ist: Ich bin Das.
Seine sechste Errungenschaft ist: Er und ich sind eins.
Seine siebente Errungenschaft ist: Er bin ich.
Im Schöpfer sieht er.
Im Erhalter fühlt er.
Im Umwandler wird er.

Das Herz der Upanishaden ist der *Puruṣa.* Das Leben des *Puruṣa* ist die Botschaft der Upanishaden. Wer ist der *Puruṣa?* Der *Puruṣa* ist der wahre Bewohner des Körpers des Universums. Der *Puruṣa* ist dreigestaltig: der äußere *ātman*, der innere *Ātman* und der *Paramātman.*

Der äußere *ātman* ist der grob-physische Körper. Der äußere *ātman* ist das, welches im Körper, mit dem Körper und für den Körper wächst. Der äußere *ātman* ist die Identifikation des Körpers mit dem groben Aspekt des Lebens. Hier leben wir, werden verletzt, verletzen andere, genießen Freuden durch andere und bieten anderen Freude. Dieser *ātman* existiert, verändert sich, entwickelt sich und verfällt schließlich.

Der innere *Ātman* ist das unterscheidende Selbst. Der innere *Ātman* identifiziert sich mit dem strebenden Erdbewußtsein. Er identifiziert sich mit Luft, Äther, Feuer, Wasser und Erde. Der innere *Ātman* ist der Denkende, der Handelnde, und er ist der direkte Bote Gottes. Der innere *Ātman* manifestiert seine innere Verwirklichung durch äußere Erfahrung.

Der *Paramātman* enthüllt sich im Prozeß des Yoga. Er ist weder geboren, noch stirbt er. Er ist jenseits aller Qualitäten. Er ist alldurchdringend, unvorstellbar und unbeschreibbar. Er ist die Wirklichkeit der Ewigkeit und die Göttlichkeit der Wirklichkeit.

Jede Upanishade ist ein mächtiger Tropfen vom Brunnen des ewigen Lebens. Dieser Tropfen kann die zahllosen Leiden des menschlichen Lebens mühelos heilen. Die unendliche Macht dieses Tropfens kann uns aus dem endlosen Kreislauf von Geburt und Tod befreien.

Unterstützt vom Körper schafft der Verstand Knechtschaft. Mit der Hilfe der Seele schenkt das Herz Befreiung. Der unstrebsame Verstand denkt sinnlose Gedanken und sinkt hinab. Er denkt zuviel und sinkt zu schnell. Der blinde Körper gräbt sich ständig sein eigenes Grab. Das Herz möchte lieben und geliebt werden. Gott gibt dem Herzen das Leben des Einsseins. Die Seele will Gott enthüllen. Gott erfüllt die Seele, und dabei bringt Er die Botschaft der Vollkommenheit in die Göttlichkeit manifestierter Wirklichkeit herab.

Sein, Nicht-Sein und der Ursprung

Sat und *Asat* sind zwei Begriffe, auf die man in der indischen Philosophie sehr häufig stößt. *Sat* bedeutet Sein, und *Asat* bedeutet Nicht-Sein. Sein ist etwas, das wird, das wächst und das erfüllt. Nicht-Sein ist etwas, das seine eigene Wirklichkeit und seine eigene Göttlichkeit negiert. Sein ist überall, doch Sein hat nur einen eigenen Wert oder eine Bedeutung, wenn das Göttliche in ihm sichtbar ist. Wenn sich das Göttliche im Sein nicht machtvoll erhebt, dann ist dieses Sein sinnlos. Das Göttliche ist der Lebensatem des Seins. Das Göttliche erfüllt unser strebendes Bewußtsein und enthüllt unsere eigene Unsterblichkeit hier auf der Erde nur, wenn wir das Göttliche als etwas Unendliches und Ewiges sehen.

Das Sein wird vom strebenden Bewußtsein und von Gottes eigener höchster Wirklichkeit geliebt. Wirklichkeit und Sein gehören zusammen. Wirklichkeit ohne Sein ist eine Unmöglichkeit, und Sein ohne Wirklichkeit ist eine Absurdität. Göttliche Wirklichkeit und göttliches Sein gehören immer zusammen.

Sein drückt sich nur durch Wahrheit aus. Diese Wahrheit besiegt alles, was Nicht-Wahrheit ist. Indiens Leitspruch *»Satyam eva jayate«* (*Muṇḍakopaniṣad* 3.1.6) bedeutet »Wahrheit allein siegt«. Was ist diese Wahrheit? Diese Wahrheit ist zugleich die Tiefe des Herzens Gottes und die Höhe des Hauptes Gottes.

Wahrheit ist unser inneres Versprechen. Unser inneres Versprechen, das Versprechen unserer Seele, ist, daß wir in dieser Verkörperung Gott erkennen und verwirklichen werden – nicht auf Biegen und Brechen, sondern unter der fähigen Führung unseres spirituellen Meisters und weil wir fühlen, daß der Allerhöchste in uns es will. Wofür? Damit wir Ihm auf seine eigene Weise dienen können.

Die höchste Art, diese Wahrheit zu fühlen, ist mit der Haltung verbunden: »Wenn Er nicht will, daß ich Ihn in dieser Verkörperung erkenne und verwirkliche, sondern in einem kommenden Leben, so bin ich gänzlich bereit, seine Entscheidung anzunehmen.« Der Sucher muß dabei jedoch ein dynamisches Gefühl haben. Wenn er einfach sagt: »Ach, laß mich meine Rolle spielen. Laß mich nett, aufrichtig, wahrheitsliebend, gehorsam sein, und wenn die Zeit reif ist, wird Er schon alles Nötige tun«, dann tritt ein Nachlassen der Bemühung ein. Sehr oft, wenn wir sagen: »Laß mich einfach meine Rolle spielen, und Gott wird sich schon um meine Gotterkenntnis und meine Verwirklichung kümmern«, kümmert sich Gott zwar tatsächlich darum. Doch wenn wir fühlen, daß wir eine echte Hilfe für Gott sein können, wenn wir so schnell wie möglich vollkommen verwirklicht werden, dann werden wir unsere Erkenntnis und Verwirklichung mit Sicherheit schneller erlangen.

Erst wenn wir Frieden, Licht und Glückseligkeit besitzen, können wir der Menschheit wirklich dienen. Die Idee der Gottverwirklichung zu Gottes auserwählter Stunde muß aus dem tiefsten Innern unseres Herzens kommen und nicht von unserem Verstandeswissen. Unglücklicherweise kommt sie gewöhnlich nicht vom Herzen, sondern nur vom schlauen Verstand, der sagt: »Ich habe in Büchern gelesen und von meinem Meister gehört, daß Gott mir alles gibt, wenn ich nichts von ihm will.« Es ist besser, zu Gott um inneren Frieden zu beten, damit man die Wahrheit in ihrer Ganzheit sehen kann. Gott um inneren Frieden zu bitten ist kein Verbrechen. Wenn du keinen inneren Frieden hast, wird Gott für dich nirgends zu sehen sein, wo du auch bist – in der U-Bahn, auf dem Land oder auf dem Times Square. Gott hat uns ein wenig Vernunft gegeben. Wenn du morgens sagst: »Gott, es liegt an Dir, ob ich esse oder nicht. Ich bleibe einfach im Bett liegen«, dann wird dir Gott nicht das Essen in den Mund stopfen. Nein, Gott hat dir das notwendige Verständnis gegeben, damit du weißt, daß du eigene Anstrengungen machen mußt. Du mußt aus eigener Anstrengung aufstehen, duschen und essen.

Wenn du im inneren Leben Reinheit, Demut, inneren Frieden und andere göttliche Eigenschaften besitzen willst, dann mußt du eine Anstrengung machen, um sie zu erlangen. Sicherlich ist es richtig, daß Gott dir alles gibt, wenn du Ihn um nichts bittest, doch diese Wahrheit muß in ihrer höchsten Form verstanden werden. Wenn du nicht zu Gott betest oder nach Gottverwirklichung strebst oder zumindest an Gott denkst, wie soll dir Gott da alles geben? Er wird dir alles geben, wenn du unbedingten Glauben an Ihn hast und innerlich aufrichtig nach Ihm verlangst.

Die Upanishaden kommen von den Veden. Was ist nun der Unterschied zwischen dem, was uns die Veden, und dem, was uns die Upanishaden zu geben haben? Die Veden sind wie eine lose Sammlung – sie enthalten alles, aber nicht schön geordnet. Auch sind eine ganze Reihe Dinge darin, die für die moderne Welt, für unser heutiges Leben, für entwickelte Menschen und für den intelligenten, ausgebildeten Verstand unwichtig sind. Hier kommen uns die Upanishaden zu Hilfe. Sie bringen die Inspiration und das spirituelle Streben der Veden, besitzen aber ihre Originalität. Alles, was in den Veden gut ist, nehmen die Upanishaden freudig auf und bieten es uns auf besondere Weise dar.

Ohne die Veden gibt es keine Upanishaden. Die Veden sind der Ursprung. Doch der Reichtum der Veden kann der gesamten Menschheit nur durch die Upanishaden wirklich dargeboten werden. Die Upanishaden haben die Fähigkeit, in den Ursprung einzutauchen und den erleuchtenden, erfüllenden Reichtum des Ursprungs auf eine Weise darzubieten, die von der ganzen Menschheit angenommen und verstanden werden kann. Sie sind das Ende oder die Krone der Veden, weshalb sie Vedanta genannt werden. Alle Errungenschaften Indiens auf geistigem Gebiet, auf spirituellem Gebiet, auf psychischem Gebiet und auf ethischem Gebiet kommen aus dem verfeinerten, entwickelten, strebenden und erhellenden Bewußtsein der Upanishaden.

Der Buddhismus ist eine Form der Vedanta-Philosophie. Doch Buddhas Philosophie betont einen besonderen Aspekt des Vedanta. Wir sprechen von Buddha als dem Herrn des Mitleids. Wir sprechen von Buddhas Ethik. Doch woher kam das alles? Aus dem Vedanta. Indem er jedoch die Wahrheit des Vedanta oder der Upanishaden verkündete, bot Buddha sein eigenes inneres Licht auf eine besondere Weise dar. Aus diesem Grund fällt es gewöhnlichen Menschen schwer zu glauben, daß der Vedanta die ursprüngliche Quelle von Buddhas Lehren war.

In der westlichen Welt haben wir Pythagoras und Plato, zwei große Philosophen. Man kann sehen, daß die Philosophie beider – und besonders die von Plato – in großem Maße vom Gedankengut der Upanishaden inspiriert wurde. Leider glaubt man allgemein, daß die westliche Welt nichts von einer östlichen Quelle übernommen hat, doch das stimmt nicht. Woher kommt die Gefühlsmystik des Sufismus oder die psychische* Mystik des Westens? Wiederum von den Upanishaden, derselben Quelle.

Die Welt hat viele bedeutende Dinge von den Upanishaden erhalten, doch leider will sie dem Ursprung nicht Tribut zollen. Aber das macht nichts. Ein Kind nimmt von seinen Eltern Geld und erzählt seinen Freunden, es sei sein eigenes. Gleichaltrige Freunde werden das glauben, doch Erwachsene werden sagen: »Er arbeitet ja nicht. Woher soll er das Geld haben?« Sie wissen, daß er es von seinen Eltern hat. Millionen von Menschen sind von den Überlieferungen der

---

* »Psychisch« bedeutet bei Sri Chinmoy meist: auf das Herz oder das psychische Wesen, eine Form der Seele im Herzen, bezogen.

Upanishaden inspiriert worden, bewußt oder unbewußt. In Indien und im Westen gibt es viele spirituelle Wege und viele Religionen, die von den Upanishaden Licht in Hülle und Fülle erhalten haben. Doch es fällt ihnen schwer, der Quelle Anerkennung zu zollen.

Die Seher der Upanishaden sind in uns. Sie brauchen keine Anerkennung. Was wollen sie? Was erwarten sie? Von den echten Suchern und Anhängern der Wahrheit wollen und erwarten sie die Anwendung der Wahrheit, die dargeboten wurde. Wenn die Wahrheit in unserem täglichen Leben angewandt wird, woher sie auch immer kam, wird das Göttliche in uns groß sein, und das Göttliche wird der Quelle Anerkennung, Bewunderung und Verherrlichung schenken. Selbst Gott erwartet oder verlangt nicht mehr von uns, solange wir nur die Wahrheit in unserem täglichen Leben bewußt, ständig, ergeben, seelenvoll und bedingungslos anwenden.

Flammenwellen aus dem Upanishadenmeer I

Transliteration
Aum bhūr bhuvaḥ svaḥ
Tat savitur vareṇyam
Bhargo devasya dhīmahi
Dhiyo yo naḥ pracodayāt
(vgl. *Ṛgveda* III.62.10)

Übersetzung
Wir meditieren auf die erhabene Herrlichkeit der höchsten Gottheit, die im Herzen der Erde ist, im Leben der Luft und in der Seele des Himmels. Möge Sie unseren Geist erwecken und erleuchten.

Kommentar
Wird Erleuchtung gebraucht – hier ist die Antwort. Höchste Erleuchtung verwandelt das Tierische in uns, befreit das Menschliche in uns und manifestiert das Göttliche in uns.

*

Transliteration

Pūrṇam adaḥ pūrṇam idaṃ pūrṇāt pūrṇam udacyate
Pūrṇasya pūrṇam ādāya pūrṇam evāvaśiṣyate
(Invokation zur *Īśopaniṣad*, ebenso zur *Bṛhadāraṇyakopaniṣad*)

Übersetzung

Unendlichkeit ist das.
Unendlichkeit ist dies.
Aus Unendlichkeit ist Unendlichkeit entstanden.
Nimmt man von Unendlichkeit Unendlichkeit hinweg,
bleibt Unendlichkeit.

Kommentar

Unendlichkeit ist der verborgene Atem des erhabenen Lenkers.

Unendlichkeit ist das enthüllte Leben des Bootes des Allerhöchsten.

Unendlichkeit ist der erfüllte Körper des höchsten Ziels.

*

Transliteration

Asato mā sad gamaya
Tamaso mā jyotir gamaya
Mṛtyor māmṛtaṃ gamaya.
(*Bṛhadāraṇyakopaniṣad* I.3.28)

Übersetzung

Führe mich vom Unwirklichen zum Wirklichen.
Führe mich von der Dunkelheit zum Licht.
Führe mich vom Tod zur Unsterblichkeit.

Kommentar

Das Unwirkliche in uns verlangt nach dem Vergnügungsleben des Endlichen.

Das Wirkliche in uns strebt nach dem Gottleben des Unendlichen.

Dunkelheit ist der Entdecker des zweifelnden und enttäuschten Verstandes.

Licht ist der Entdecker des strebenden und hingegebenen Herzens.

Tod, das Kätzchen, wo ist es? Nirgendwo ertönt sein Miauen.

Unsterblichkeit, der Löwe, wo ist er? Überall erdröhnt sein Brüllen.

*

Transliteration
Aṇor aṇīyān mahato mahīyān
Ātmāsya jantor nihito guhāyām
(*Kaṭhopaniṣad* 1.2.20)

Übersetzung
Kleiner als das kleinste Leben, größer als die unendliche Weite atmet die Seele im geheimen Herzen des Menschen.

Kommentar
Die Seele ist das ewige Kind Gottes und des Menschen Urgroßvater.

Als das ewige Kind Gottes spielt die Seele ohne Unterlaß.

Als der ewige Großvater des Menschen genießt die Seele auf ewig Ruhe.

*

Transliteration
Vedāham etaṃ puruṣaṃ mahāntam
Ādityavarṇam tamasaḥ parastāt
(*Śvetāśvataropaniṣad* 3.8, ebenso *Yajurveda, Vājasaneyīsaṃhitā* 31.18)

Übersetzung
Ich habe dieses Große Wesen erkannt, strahlend wie die Sonne jenseits der Grenzen düsterer Finsternis.

Kommentar
Vor unserer Verwirklichung stillte dieses Große Wesen den Durst unseres Herzens.

Nach unserer Verwirklichung stillen wir den Hunger der Seele dieses Großen Wesens.

*

Transliteration
Satyam eva jayate
(*Muṇḍakopaniṣad* 3.1.6)

Übersetzung
Wahrheit allein triumphiert.

Kommentar
Wahrheit ist die Krone Gottes, die Gott sich selbst schenkt.
Ist die Wahrheit einmal verwirklicht, ist Gott für immer gefangen.

*

Transliteration
Devebhyaḥ kam āvṛṇīta mṛtyum
Prajāyai kam amṛtaṃ nāvṛṇīta
(*Ṛgveda* X.13.4)

Übersetzung
Den Göttern zuliebe wählte er (Brihaspati) den Tod.
Den Menschen zuliebe wählte er nicht die Unsterblichkeit.

Kommentar
Brihaspati beherbergt das fließende Leben der Götter und die glühende Liebe des Menschen.

*

Transliteration
Uru ṇas tanve tan
Uru kṣayāya nas kṛdhi
Uru ṇo yaṃdhi jīvase
(*Ṛgveda* VIII.68.12)

Übersetzung
Für unseren Körper gib uns Freiheit.
Für unser Heim gib uns Freiheit.
Für unser Leben gib uns Freiheit.

Kommentar
Gottes Mitleid ist die Freiheit unseres Körpers.
Gottes Anteilnahme ist die Freiheit unseres Heims.
Gottes Liebe ist die Freiheit unseres Lebens.

*

Transliteration
Agnir jyotir jyotir Agnir
Indro jyotir jyotir Indraḥ
Sūryo jyotir jyotiḥ Sūryaḥ
(z. B. *Sāmaveda* II.1181; *Yajurveda, Kāṭhakam* 40.6)

Übersetzung
Agni ist Licht, und das Licht ist Agni.
Indra ist Licht, und das Licht ist Indra.
Surya ist Licht, und das Licht ist Surya.

Kommentar
Licht ist enthüllte Liebe.
Licht ist manifestiertes Leben.
Licht ist der erfüllte Gott.

*

Transliteration
Ānandāddhyeva khalvimāni bhūtāni jāyante
Ānandena jātāni jīvanti
Ānandaṃ prayantyabhisaṃviśanti
(*Taittirīyopaniṣad* III.6)

Übersetzung
Aus der Wonne kamen wir ins Dasein.
In der Wonne wachsen wir.
Am Ende unserer Reise gehen wir wieder in die Wonne ein.

Kommentar

Gott hat seinen menschlichen Kindern einen offenen Brief geschrieben. Er lautet: »Meine süßen Kinder, ihr seid die einzige Wonne meines universellen Seins.«

*

Transliteration

Hiraṇmayena pātreṇa satyasyāpihitaṃ mukham
Tat tvaṃ pūṣan apāvṛṇu satyadharmāya dṛṣṭaye
(*Bṛhadāraṇyakopaniṣad* V.15.1; *Īśopaniṣad* 15)

Übersetzung

Das Gesicht der Wahrheit ist von einer strahlenden goldenen Scheibe bedeckt.

Entferne sie, o Sonne, damit ich, der ich der Wahrheit ergeben bin, die Wahrheit sehen möge.

Kommentar

Das Gesicht der Wahrheit erweckt uns.
Das Auge der Wahrheit nährt uns.
Das Herz der Wahrheit erbaut uns.

*

Transliteration

Saha nāvavatu saha nau bhunaktu
Saha vīryaṃ karavāvahai
(Teil der Invokation zur *Kaṭhopaniṣad* und den Abschnitten 2 und 3 der *Taittirīyopaniṣad*)

Übersetzung

Möge Er uns zusammen beschützen.
Möge Er uns zusammen besitzen.
Möge Er uns Energie und Stärke schenken.

Kommentar

Gott, Guru und Schüler:
Gott ist Mitleid und Schutz.
Der Guru ist Anteilnahme.
Der Schüler ist Hingabe.

Wenn diese drei zusammenarbeiten, erstrahlt vollkommene Vollkommenheit und wird strahlen in alle Ewigkeit.

*

Transliteration

Yenāham nāmṛtā syāṃ
Kim aham tena kuryām
(*Bṛhadāraṇyakopaniṣad* II.4.3)

Übersetzung

Was soll ich mit den Dingen, die mich nicht unsterblich machen können?

Kommentar

Gott ist ewig stolz auf den Menschen, weil er Gottes Unsterblichkeit in sich birgt.

*

Transliteration

Madhuman me parāyaṇam
Madhumat punarāyaṇam
(*Ṛgveda* X.24.6)

Übersetzung

Süß sei mein Abschied von zu Hause.
Süß sei meine Rückkehr.

Kommentar

Mein süßer Abschied von meiner ewigen Heimat hat mich fühlen lassen, wie tapfer ich bin.

Meine süße Rückkehr in meine ewige Heimat wird mich fühlen lassen, welch Glück ich habe.

Flammenwellen aus dem Upanishadenmeer II

Transliteration

Agne naya supathā rāye asmān
Viśvāni deva vayunāni vidvān
Yuyodhyasmaj juhurāṇam eno

Bhūyiṣṭhāṃ te namaükti vidhema
(*Ṛgveda* II.189.1; ebenso in *Īśop.* 18 und *Bṛ.Up.* V.15.1)

Übersetzung
O Agni, o Feuergott, führe uns auf dem richtigen Weg, so daß wir die Früchte unserer göttlichen Handlungen genießen können.

O Gott, du kennst all unsere Taten.

O Gott, nimm all unsere unstrebsamen und bindenden Sünden von uns, und zerstöre sie.

Dir bringen wir unsere ungezählten seelenvollen Grüße und Gebete dar.

Kommentar
Das Streben des Herzens ist der richtige Weg.

Gottes Mitleid ist die echte Führung.

Die Früchte unserer göttlichen Handlungen sind Frieden, Licht und Glückseligkeit.

Sünde ist das Lächeln sich selbst begrenzender Knechtschaft.

In unseren Gebeten und Grüßen weilt Gott der erleuchtende Retter.

*

Transliteration
Uttiṣṭhata jāgrata prāpya varān nibodhata
Kṣurasya dhārā niśitā duratyayā
Durgaṃ pathas tat kavayo vadanti
(*Kaṭhopaniṣad* 1.3.14)

Übersetzung
Erhebe dich, erwache, verwirkliche und erringe das Höchste mit der Hilfe der erleuchtenden, uns führenden und erfüllenden Meister.

Der Weg ist scharf wie des Messers Schneide, schwer zurückzulegen, hart zu gehen, erklären die ehrwürdigen Weisen.

Kommentar

»Erhebe dich, du brauchst Gott!

Erwache, Gott braucht dich!«

Wer bringt diese Botschaft? Der Meister.

Die Straße mag lang sein, doch nicht endlos. Das Ziel ist nicht nur ein unendliches Leben, sondern ein ewig kraftspendender unsterblicher Atem.

Ein ehrwürdiger Weiser ist, wessen äußeres Leben die Offenbarung des inneren Lebens der Wahrheit ist.

*

Transliteration

Yo vai bhūmā tat sukhaṃ
Nālpe sukham asti
Bhūmaiva sukhaṃ
(*Chāndogyopaniṣad* VII.23.1)

Übersetzung

Das Unendliche ist das befriedigende Glück.
Im Endlichen kann kein Glück je atmen.
Das Unendliche allein ist erfüllendes Glück.

Kommentar

Das unendliche Leben ist die unendliche Glückseligkeit.

Das Endliche kennt kein unendliches Glück.

Unendlichkeit ohne Glückseligkeit bedeutet die Schöpfung ohne einen Schöpfer. Das ist widersinnig.

Glückseligkeit ohne Unendlichkeit bedeutet den Schöpfer ohne die Schöpfung. Dies ist gleichermaßen widersinnig.

*

Transliteration

Na tatra sūryo bhāti na candratārakaṃ
Nemā vidyuto bhānti kuto 'yam agniḥ
Tam eva bhāntam anubhāti sarvaṃ
Tasya bhāsā sarvam idaṃ vibhāti
(*Muṇḍakopaniṣad* 2.2.10 und *Śvetāśvataropaniṣad* 6.14)

Übersetzung
Dort scheint nicht die Sonne, nicht der Mond oder die Sterne, nicht der Blitz und erst recht nicht dieses irdische Feuer.

Nur wenn das erleuchtende Licht scheint, scheint alles andere; das sich selbst enthüllende Licht erleuchtet das gesamte Universum.

Kommentar
Die äußere Sonne bittet uns zu sehen, und wenn wir uns umwenden, sehen wir nur Dunkelheit.

Die innere Sonne läßt uns sehen, was wir in Ewigkeit sind: das unendliche Licht.

*

Transliteration
Nāyam ātmā balahīnena labhyo
(*Muṇḍakopaniṣad* 3.2.4)

Übersetzung
Die Seele kann nicht von einem Schwächling gewonnen werden.

Kommentar
Ein schwacher Sucher kann seine Seele nicht verwirklichen. Andererseits, wer kann wirklich stark sein, bevor er nicht seine Seele verwirklicht hat? Ein schwacher Sucher ist Gott in seinem sich vervollkommnenden spirituellen Streben. Ein starker Sucher ist Gott in seiner sich manifestierenden Verwirklichung.

*

Transliteration
Yo devo agnau yo'psu yo viśvaṃ bhuvanam āviveśa
Ya oṣadhīṣu yo vanaspatiṣu tasmai devāya namo namaḥ.
(*Śvetāśvataropaniṣad* 2.17)

Übersetzung
Wir anerbieten unsere höchsten Grüße diesem göttlichen Wesen, das im Feuer, im Wasser, in den Pflanzen, in den Bäumen ist, das in das ganze Universum eingegangen ist und es durchdrungen hat.

Kommentar
Feuer ist inneres Streben.

Wasser ist Bewußtsein.

Eine Pflanze ist eine emporsteigende Hoffnung.

Ein Baum ist ein Sicherheit gebendes Vertrauen.

Das göttliche Wesen ist der verborgene Atem und das enthüllte Leben des Universums.

*

Transliteration
Vidyāñ cāvidyāñ ca yas tad vedobhayam saha
Avidyayā mṛtyuṃ tīrtvā vidyayāmṛtam aśnute
(*Īśopaniṣad* 11)

Übersetzung
Derjenige, der weiß und versteht, daß Wissen und Unwissenheit eins sind, geht durch die Unwissenheit über das Reich des Todes hinaus, erlangt durch Wissen ewiges Leben und trinkt in vollen Zügen das Licht der Unsterblichkeit.

Kommentar
Unwissenheit ist das Wissen des äußeren Verstandes.

Wissen ist das Geheimnis der Seele.

Wenn der äußere Verstand sein Dasein der Erleuchtung der Seele hingibt, stirbt der Tod, und Unsterblichkeit bricht an.

*

Transliteration
Bhadraṃ karṇebhiḥ śṛṇuyāma devā
Bhadraṃ paśyemākṣabhir yajatrāḥ

Sthirair aṅgais tuṣṭuvāṁsas tanūbhir
Vyaśema devahitaṃ yad āyuḥ
(Teil der Invokation zu *Muṇḍaka-*, *Praśna-* und *Māṇḍūkyopaniṣad;* eigentlich *Ṛgveda* I.89.8)

Übersetzung
O kosmische Götter, mögen wir mit unseren menschlichen Ohren alles Verheißungsvolle hören.

O Götter, die Ihr wahrlich der Anbetung würdig seid, mögen wir mit unseren menschlichen Augen alles Verheißungsvolle sehen.

Mögen wir uns des von Euch gegebenen Lebens erfreuen und mit unserem gesunden Körper und unserem irdischen Dasein Euch ständig Lobpreis darbringen.

Kommentar
Etwas Verheißungsvolles zu hören bedeutet, Gott die Inspiration und Gott das innere Streben anzurufen.

Etwas Verheißungsvolles zu sehen bedeutet, Gott das Licht und Gott die Glückseligkeit zu fühlen.

Die Philosophie, die Religion, die Spiritualität und der Yoga der Upanishaden

Die Philosophie der Upanishaden.
Die Religion der Upanishaden.
Die Spiritualität der Upanishaden.
Der Yoga der Upanishaden.

Wenn es um die Upanishaden geht, denken wir sofort an Philosophie, Religion, Spiritualität und Yoga.

Die Philosophie der Upanishaden ist mentale Weite.

Die Religion der Upanishaden ist das Einssein des Herzens.

Die Spiritualität der Upanishaden ist die Unsterblichkeit der Seele.

Der Yoga der Upanishaden ist die vollkommene Manifestation Gottes hier auf Erden.

Die mentale Weite braucht Gott das unendliche Bewußtsein.

Das Einssein des Herzens braucht Gott den höchsten und ewigen Geliebten.

Die Unsterblichkeit der Seele braucht Gott das ewig sich selbst übersteigende Jenseits.

Die vollkommene Manifestation Gottes braucht den ständigen inneren Hunger des Menschen.

Gott ist in der mentalen Weite Reinheit.
Gott ist im Einssein des Herzens Schönheit.
Gott ist in der Unsterblichkeit der Seele Leben.

AUM

Die Philosophie der Upanishaden sagt mir: »Sieh die Wahrheit!«

Die Religion der Upanishaden sagt mir: »Fühle die Wahrheit!«

Die Spiritualität der Upanishaden sagt mir: »Wachse in die Wahrheit!«

Der Yoga der Upanishaden sagt mir: »Du bist die Wahrheit!«

Wenn ich die Wahrheit sehe, weiß ich, was Gottes Mitleid ist.

Wenn ich die Wahrheit fühle, weiß ich, was Gottes Liebe ist.

Wenn ich in die Wahrheit wachse, weiß ich, was Gottes Anteilnahme ist.

Wenn ich die Wahrheit werde, weiß ich, was Gottes selbstloses Leben und was seine bedingungslose Pflicht ist.

Wenn ich erkenne, daß ich die Wahrheit bin, beginnt die volle Manifestation des Lichtes des Göttlichen.

Die Upanishaden bieten jedem strebenden Herzen zahllose Botschaften an. Nicht wenige dieser Botschaften sind zugleich sehr bedeutsam und höchst erfüllend. Hier ist eine große Botschaft über Leben und Tod. Was geschieht vor dem Tod und was danach? Die Botschaft der Upanishaden lautet:

Vor dem Tod ist das Leben ein Sucher.

Nach dem Tod wird dasselbe Leben ein Träumer.

Vor dem Tod kämpft das Leben und strebt nach Vollkommenheit.

Nach dem Tod ruht dasselbe Leben aus und genießt mit der Seele die göttliche Glückseligkeit.

Vor dem Tod ist das Leben das Versprechen Gottes.

Nach dem Tod ist das Leben die innere Versicherung Gottes. Diese Versicherung Gottes bemerken wir, wenn wir Gott in unserer zukünftigen Verkörperung erfüllen.

Das Leben ist für jeden einzelnen ein Akt der Inspiration und der Enthüllung. Das Leben ist eine Erfahrung und der Tod ebenfalls. Unser menschliches Leben ist Gottes heilige Flamme, die zum höchsten Ursprung emporsteigt. Der menschliche Tod – der sogenannte Tod – ist ein geheimes Spiel von Gottes Willen.

AUM

Wenn wir die Upanishaden studieren, beginnen wir mit der Konzentration des Denkens. Die Konzentration des Denkens ist das Allerschwierigste, das wir uns denken können. Wir wissen, was Denken ist, wir wissen, was Konzentration ist, doch wenn wir uns im Verstand konzentrieren wollen, treffen wir auf die größten Schwierigkeiten.

Einst gingen einige spirituelle Sucher zu ihrem Meister und sagten: »Meister, wir meditieren nun schon seit so vielen Jahren – seit zehn langen Jahren. Wie kommt es, daß wir unser Denken nicht beherrschen können?« Der Meister antwortete: »Meine Kinder, Gottverwirklichung ist nicht so einfach. Wäre sie so einfach, so hättet ihr inzwischen euer Denken beherrschen gelernt. Gottverwirklichung ist äußerst schwierig – hier ist der Beweis. Wir halten den Verstand für unser bestes Instrument. Wir betrachten ihn als den höchsten, am meisten entwickelten Teil unseres menschlichen Lebens. Doch seht euch seine Hilflosigkeit an!« Dann fuhr er fort: »Ihr steht alle hier vor mir. Was würde geschehen, wenn sich jemand einfach auf die Schultern eines eurer spirituellen Brüder stellen würde? Sofort wäre euer Bruder erregt und aus der Ruhe gebracht. Seine Ehre wäre verletzt. Er ist auch ein Mensch. Wie wagt es jemand, sich einfach auf seine Schultern zu stellen? Genauso geht es mit dem Verstand. Wenn der Verstand von unseren Gedanken – unseren niederen, ungöttlichen, unpassenden Gedanken – in Unruhe versetzt wird, erlaubt er uns nicht, ruhig, still und gelassen genug zu werden, um auf Gott zu meditieren.«

Der Ursprung des Verstandes ist göttlich; der Verstand selbst ist göttlich. Doch leider ist der Verstand, den wir im Augenblick gebrauchen, der äußere Verstand, der uns bei unserer aufwärtsführenden Reise kein bißchen helfen kann. Dieser Verstand hat bewußt oder unbewußt drei ungöttliche Freunde angenommen: Furcht, Zweifel und Eifersucht. Zu Beginn sagte ich, daß mentale Weite die Philosophie der Upanishaden ist. Wenn diese Weite vor dem äußeren Verstand erscheinen will, ist der äußere Verstand starr vor Entsetzen. Er hat Angst vor der Weite. Außerdem sieht er seine eigene Unzulänglichkeit, sein begrenztes Vermögen, und sagt: »Wie ist es möglich? Ich bin so schwach, ich bin so machtlos, ich bin so unbedeutend. Wie kann die Weite mich als ihr eigen annehmen?« Zuerst fürchtet er sich vor der Weite, dann zweifelt er. Er bezweifelt sogar das Sein der Weite selbst. Durch Gottes unendliche Gnade verläßt die Furcht schließlich den Verstand, und der Zweifel verläßt den Verstand ebenfalls. Doch jetzt kommt die Eifersucht.

Der Verstand schaut sich um und sieht, daß es in der Weite Erfüllung gibt, während es in seinem eigenen Sein keine Erfüllung, keine Freude gibt. Und schon erwacht die Eifersucht. Furcht, Zweifel und Eifersucht, diese drei ungöttlichen Kräfte greifen den Verstand an und machen ihn bedeutungslos, hilflos und hoffnungslos auf unserer Reise nach oben. Wenn der Verstand von Furcht, Zweifel und Eifersucht angegriffen wird, tritt noch etwas anderes bewußt und vorsätzlich in ihn ein und nährt ihn: unser Ego. Mit dem Ego beginnt der Anfang unseres spirituellen Endes.

AUM

Wir müssen mit der Hilfe von Philosophie, Religion, Spiritualität und Yoga über den äußeren Verstand hinausgehen. In der Philosophie wirkt der suchende Verstand. In der Religion wirkt das sehnsüchtige Herz. In der Spiritualität wirkt die erleuchtende Seele. Im Yoga wirkt das erfüllende Ziel.

Es gibt zwei Wege, sich dem Ziel zu nähern. Der eine Weg geht über den Verstand, der andere über das Herz. Der Weg des Verstandes ist nicht sicher, er ist nicht ohne Probleme. Doch man kann das Ziel schließlich erreichen. Es ist nicht so, daß man Gott über den Weg des Verstandes nicht erkennen und verwirklichen könnte. Man *wird* Gott erkennen und verwirklichen, doch der Weg ist mühsam. Man kann an seinem spirituellen Streben zweifeln, oder man kann an Gottes Mitleid zweifeln. So kann es Hunderte, ja Tausende von Jahren dauern, bis man das Ziel erreicht. Der Weg über das Herz jedoch ist sicher und zuverlässig. Dabei können wir uns entweder mit dem Subjekt oder dem Objekt identifizieren – mit dem höchsten Lenker, dem Ewigen Geliebten –, oder wir können unser Dasein jeden Augenblick dem Inneren Lenker hingeben. Entweder müssen wir völlig eins werden mit dem Willen des Inneren Lenkers, oder wir müssen uns vollkommen und bedingungslos dem Inneren

Lenker hingeben. Wenn wir uns Gott auf eine dieser beiden Arten nähern, fühlen wir seine Unendlichkeit, seine Ewigkeit, seine Göttlichkeit, seine Unsterblichkeit augenblicklich als unser eigen. Wenn wir den Botschaften der Upanishaden Schritt für Schritt folgen, wenn wir zuerst mit Philosophie beginnen, dann mit Religion, später mit Spiritualität und schließlich mit Yoga, kann die Gottverwirklichung nicht in weiter Ferne bleiben. Die Entdeckung Gottes ist unser Geburtsrecht. Wenn wir Gott wirklich entdecken wollen, können wir ganz von Anfang an beginnen: Philosophie, Religion, Spiritualität und Yoga. Wenn wir erfüllen, was Philosophie, Religion, Spiritualität und Yoga verlangen, erfüllt Gott auch all unsere Verlangen. Was sie verlangen, ist sehr einfach: spirituelles Streben und Selbstbeherrschung. Was wir verlangen sind die Geschenke Gottes: Frieden, Licht, Glückseligkeit und Kraft.

Wollen wir Gottes Geschenke wirklich? Wenn wir wirklich nach ihnen verlangen, wird uns Gott die Fähigkeit geben, seinen unendlichen Reichtum zu erlangen. Wenn wir in unserem normalen Leben etwas von jemandem wollen, wird es uns der Betreffende nicht erlangen lassen. Er wird unsere Fähigkeiten verlangen. Wenn wir die entsprechenden Fähigkeiten haben, wenn wir einen Tag lang arbeiten, und dann wird uns unser Chef unseren Lohn geben. Doch im spirituellen Leben will Gott wissen, ob wir wahrhaft den Lohn wollen – Frieden, Licht und Glückseligkeit. Wenn wir ihn wollen, dann wird Er selbst uns Kraft geben und unser spirituelles Streben und unsere Selbstbeherrschung sein. Er wird in uns und durch uns arbeiten. Er wird als der Sucher in uns arbeiten, und zu gleicher Zeit wird Er als der Lenker für uns arbeiten. Er selbst wird sowohl Arbeitgeber wie Arbeitnehmer sein. Wenn wir wirklich Gott wollen, wird Gott zu gleicher Zeit beide Rollen spielen. Er wird der Arbeitgeber und der Arbeitnehmer sein. Er wird der Sucher und der Erfüller sein.

Das Lied der höchsten Seele

Kommentar zur Bhagavadgita

Einführung

Ich lese die Gita, weil sie das Auge Gottes ist.
Ich singe die Gita, weil sie das Leben Gottes ist.
Ich lebe die Gita, weil sie die Seele Gottes ist.

Die Gita *(Bhagavadgītā)* ist Gottes unmittelbare Schau. Die Gita ist Gottes direkte Wirklichkeit.

Man sagt, die Gita sei ein hinduistisches Buch, eine sehr bedeutende Schrift. Ich sage, sie ist das Licht der Göttlichkeit in der Menschheit. Man sagt, die Gita benötige eine Einführung. Ich sage, Gott möchte wahrlich durch die Gita eingeführt werden.

Arjuna ist die aufstrebende menschliche Seele. *Kṛṣṇa* ist die herabkommende göttliche Seele. Am Ende treffen sie einander. Die menschliche Seele sagt zur göttlichen Seele: »Ich brauche dich.« Die göttliche Seele sagt zur menschlichen Seele: »Ich brauche dich ebenfalls. Ich brauche dich für meine Selbstoffenbarung. Du brauchst mich für deine Selbstverwirklichung.« Arjuna sagt: »O Krischna, du bist mein, ganz mein.« Krischna sagt: »O Arjuna, es gibt weder ›mein‹ noch ›dein‹. Innen wie außen sind wir vollständiges Einssein.«

Die Gita ist eine Episode im sechsten Buch des Mahabharata. *»Mahābhārata«* bedeutet »Großes Indien«, Indien das Erhabene. Dieses unvergleichliche Epos ist sechsmal so umfangreich wie Ilias und Odyssee zusammen. In seiner Größe erstaunlich und wundervoll in seinen Gedanken ist das Mahabharata. Die Haupthandlung dreht sich um die große Gegnerschaft zwischen zwei Gruppen von Vettern. Ihr ererbtes Königreich war der Zankapfel. Diese Gegnerschaft fand ihren Abschluß am Ende einer großen Schlacht, genannt die Schlacht von *Kurukṣetra*.

Der Familienstammbaum

Sāntanu hatte zwei Frauen: *Gaṅgā* und *Satyavatī*. *Bhīṣma* wurde aus der Vereinigung *Sāntanus* mit *Gaṅgā* geboren; *Citrāṅgada* und *Vicitravīrya* aus der von *Sāntanu* mit *Satyavatī*. *Vicitravīryas* zwei Frauen waren *Ambikā* und *Ambālikā*. *Dhṛtarāṣṭra* war der Sohn *Ambikās* und *Vicitravīryas*; *Pāṇḍu* der Sohn *Ambālikas* und *Vicitravīryas*. *Dhṛtarāṣṭras* hundert Söhne waren die *Kauravas*; *Pāṇḍus* fünf Söhne die *Pāṇḍavas*.

Yudhiṣṭhira (Yudhishthira) war der rechtmäßige Erbe des Reiches. Sein Vater, *Pāṇḍu*, hatte eine Reihe von Jahren regiert und dabei seinen Untertanen äußerste Zufriedenheit gebracht, doch schließlich zog er sich in den Wald zurück. Sein ältester Sohn, *Yudhiṣṭhira*, sollte ihm nachfolgen. Und er tat dies ergeben wie erfolgreich. *Dhṛtarāṣṭra* war *Pāṇḍus* älterer Halbbruder. Gott hatte ihm das Augenlicht versagt. Wunderlicherweise hatte seine Zuneigung zu seinen hundert Söhnen sein Herz ebenso erblinden lassen. Da er blind war, war er natürlich nicht berechtigt, den Thron zu erben. Der älteste Sohn Dhritarashtras war *Duryodhana*. 99 Brüder mußten ihm gehorchen. Yudhishthira, Pandus ältester Sohn, hatte bloß vier Brüder, die auf ihn hörten.

Der Wahrheit Stolz war Yudhishthira. Der Falschheit Stolz war Duryodhana. Durch die erhellten Herzen der fünf Söhne Pandus lächelte Gott. Durch die dunklen Gemüter der hundert Söhne Dhritarashtras lächelte der Teufel. Dem Teufel gelang es auch sehr oft, sich des blinden Vaters zu bemächtigen.

Der augenlose Vater ersuchte wiederholt, in starker und ebenso in nachgiebiger Weise, Duryodhana, seinen moralisch, seelisch und spirituell augenlosen Sohn, keinen Krieg zu beginnen. *Vidura*, das reine Herz, Duryodhanas Onkel, konnte Duryodhanas Dickschädel nicht belehren. *Sañjaya*, der kluge Wagenlenker seines Vaters, versagte in gleicher Weise. Auch Bhishma, der Älteste und Weiseste, war erfolglos. Duryodhana dünkte sich in seinem Verständnis überlegen. Schließlich versuchte Sri Krischna, der Herr des Universums, eifrigen Geistes die schmerzvolle und herzlose Schlacht abzuwenden. Doch die Unwissenheitsnacht im Duryodhana wollte sich in keiner Weise der Weisheitssonne in Sri Krischna beugen.

Aus 700 Versen besteht die Gita. Ungefähr 600 davon sind die seelenbewegenden Aussprüche von den Lippen des ehrwürdigen Krischna und der Rest von dem innerlich strebenden Arjuna, dem hellsehenden und hellhörenden Sanjaya und dem neugierig fragenden Dhritarashtra.

Der Weise *Vyāsa* fragte Dhritarashtra, ob er wünsche, die Ereignisse zu sehen, um eine Kenntnis erster Hand von der Schlacht, von deren Beginn bis zu deren Ende, zu gewinnen. Der Weise war wahrhaft geneigt, dem blinden Mann Sehkraft zu gewähren. Doch Dhritarashtra wollte nicht, daß seine Augen, jene Augen, die sein ganzes Leben lang versagt hatten, nun, da seine eigenen Söhne sich zu dieser für sein Gewissen wie das Leben seines Reiches schrecklich schicksalhaften Stunde ins Verderben stürzten, erstarkten. Er wies das freundliche und großmütige Angebot des Weisen ab. Sein Herz wurde erbarmungslos geplagt angesichts der bevorstehenden Gefahr für seine Verwandten. Er bat den Weisen jedoch, diese Gabe jemand anderem, von dem er unverfälschten Bericht von der Schlacht erhalten konnte, zu gewähren. Vyasa stimmte zu. Er verlieh Sanjaya die wunderbare psychische Kraft der Schau, Ereignisse, die sich in beträchtlicher Entfernung zutragen, zu sehen.

Ist die Gita ein bloßes Wort? Nein. Eine Rede? Nein. Ein Gedankengebäude? Nein. Eine Art der Konzentration? Nein. Eine Form der Meditation? Nein. Was ist sie dann? Sie ist *Die Erkenntnis.* Die Gita ist Gottes Herz und des Menschen Atem, Gottes Versicherung und des Menschen Versprechen.

Die Inspiration des Hinduismus ist das Seeleninteresse der Gita. Das Streben des Hinduismus ist das Heraufdämmern des Segens der Gita. Die Befreiung des Hinduismus ist das Mitleidslicht der Gita. Doch zu erklären, die Gita sei der alleinige Besitz des Hinduismus, ist abwegig. Die Gita ist das gemeinsame Eigentum der Menschheit.

Der Westen sagt, er hätte etwas Besonderes dem Osten anzubieten: das Neue Testament. Der Osten nimmt das Angebot in tiefster Dankbarkeit an und bietet seinerseits seinen größten Stolz, die Bhagavadgita, dar.

Die Gita ist einzigartig. Sie ist die Schrift der Schriften. Warum? Weil sie die Welt gelehrt hat, daß das reine Gefühl und die echte Hingabe leicht mit gediegener Philosophie und dynamischer Nichtgebundenheit einhergehen können.

Die Gita besteht aus 18 Abschnitten. Jeder Abschnitt offenbart eine bestimmte Lehre einer besonderen Form von Yoga. Yoga ist die geheime Sprache von Mensch und Gott. Yoga bedeutet Vereinigung, die Vereinigung des Endlichen mit dem Unendlichen, die Vereinigung der Form mit dem Formlosen. Es ist Yoga, der das höchste Geheimnis enthüllt: Der Mensch ist der Gott von morgen, und Gott ist der Mensch von heute. Yoga muß um der Wahrheit willen ausgeübt werden. Wenn nicht, wird der Sucher bitter enttäuscht werden. In gleicher Weise existiert die Gottverwirklichung des Menschen um Gottes willen. Andernfalls wird ungeahnte Enttäuschung des Menschen unumgänglicher Lohn sein.

Die Gita entstand 600 v. Chr. Ihre Verfasserschaft geht auf den Weisen *Vedavyāsa* zurück. Mit einer großen Frage von Dhritarashtra beginnt die Gita ihre Reise. Die ganze Erzählung der Bhagavadgita ist Sanjayas Antwort auf Dhritarashtras einzige Frage. Sri Krischna sprach viel. Alles in göttlicher Weise seelenvoll. Arjuna sprach wenig. Alles voll menschlichem Herz. Dhritarashtra war der Zuhörer. Der in göttlich-menschlicher Weise hellsehende und hellhörende Berichterstatter war Sanjaya. Bei seltenen Gelegenheiten trug auch Sanjaya seine eigenen tiefsinnigen Bemerkungen bei.

Sri Krischna war der Verwandte von Arjunas Körper, die Einheit seines Herzens und die Befreiung seiner Seele. Als Gott erleuchtete er Arjuna mit der Unbedingten Wahrheit; als menschlicher Mensch erleuchtete er seinen irdischen Freund mit relativen Wahrheiten.

Die Philosophen lassen sich in eine bedauernswerte Debatte ein. Manche fragen sich, wie solch ein philosophisches Gespräch am Beginn eines Krieges stattfinden konnte. Wie war dies möglich? Es gibt andere, die fest behaupten, daß dieses folgenschwere Gespräch zu dieser Stunde nicht nur möglich, sondern unvermeidlich gewesen wäre, da dies die göttlich angemessene Gelegenheit für den spirituell strebenden Hindu wäre, die innere Bedeutung des Krieges zu entdecken und gemäß den Anweisungen der Seele zu leben, anstatt dem ärmlichen, unerhellten Wissen der Ethik zu folgen.

Die Gita ist inhaltlich eine Darstellung der Essenz der Veden. Sie ist spontan. Sie ist in einer zugleich vergöttlichten und humanisierten Form geschaffen. Sie ist ebenso die reinste Milch, gemolken aus den Eutern der erhellendsten Upanishaden, die menschliche Seele zu nähren und zu stärken. Die Gita fordert des Menschen Lebensannahme und offenbart den Weg, den Sieg des höheren Selbst über das niedere mittels der spirituellen Kunst physischer, vitaler, mentaler, seelischer und spiritueller Umwandlung zu erringen.

Die Gita birgt die Weisheit der Seele, die Liebe des Herzens, das Wissen des Verstandes, die Dynamik der Lebenskraft und die Handlung des Körpers in sich.

Der Kummer Arjunas

Die Gita beginnt mit den Worten *Dharmakṣetre Kurukṣetre* (*Bhagavadgītā* 1,1), »Auf dem geheiligten Feld von Kurukshetra« – dies ist die wortgetreue Übersetzung. *Kṣetra* bedeutet Feld. *Dharma* ist ein spirituelles Wort und ist außerordentlich reich an Bedeutung: der innere Kodex des Lebens; moralisches, religiöses und spirituelles Gesetz; lebendiger Glaube an Gottes Existenz und seine eigene Existenz, seelenvolle Pflicht, besonders die von den Schriften auferlegte; ergebene Regeln von Kaste oder Sekte; die Bereitschaft, den Anweisungen der Seele zu genügen.

Die Sanskritwurzel des Wortes *dharma* ist *dhṛ*, halten. Wer hält uns? Gott. Was hält uns? Die Wahrheit. Der Dharma trägt den Sieg davon – wenn nicht in jedem Fall, muß er dies doch letztlich tun, denn im Dharma lebt Gottes eigener Atem.

Duryodhana ging am Vorabend des Krieges zu *Gāndhārī*, seiner Mutter, um ihren Segen zu erhalten. Wie die Mutter, so der Sohn. Doch hier haben wir eine wirkliche Ausnahme vor uns. Sie segnete Duryodhana, indem sie sagte: »Der Sieg wird dort sein, wo der Dharma ist.« Das bedeutete, daß Yudhishthira, der Sohn des Dharma, den Krieg gewinnen würde. Sie besaß ein sehr selbstloses Herz. Doch mehr noch: Die heutige Welt erkennt ihren einzigartigen Dharma in der unvergleichlichen Annahme des Schicksals ihres Gemahls. Gott gab Dhritarashtra kein Augenlicht, und daher bewies Gandhari ihr gänzliches Einssein mit ihrem blinden Gemahl, indem sie ihre eigenen Augen verband. Sie machte sich blind – ein Opfer, das des Gedenkens und der Bewunderung der Menschheit würdig ist. Sie sah die äußere Welt nicht, doch die erlesenen Segnungen der inneren Welt strömten auf Gandhari herab.

Der Dharma unseres Körpers ist Dienst, der unseres Verstandes ist Erleuchtung, der Dharma unseres Herzens ist Einssein, und der unserer Seele ist Befreiung.

Die Leute behaupten aber auch gerne, daß Dharma Religion bedeutet. Wenn dies so ist, wie viele Religionen gibt es dann? Nur eine. Sicherlich nicht zwei, von dreien ganz zu schweigen. Und was versteht man unter Religion? Man versteht darunter Menschentdeckung und Gottentdeckung, was ein und dasselbe ist.

Laßt uns nun unsere Aufmerksamkeit auf das Wort *Dharmakṣetra* (das Feld des Dharma) richten. Warum wird *Kurukṣetra Dharmakṣetra* genannt? Ein Schlachtfeld kann sich von einem *Dharmakṣetra* stark unterscheiden. Doch nein, denn die Schlacht trug sich zu in *Kurukṣetra*, wo unzählige religiöse Opfer vollzogen wurden. Und noch etwas: *Kurukṣetra* lag zwischen zwei heiligen Flüssen, der *Yamunā* und der *Sarasvatī* im Nordwesten Indiens. Ein Fluß ist stets heilig. Ein Fluß birgt Wasser, und Wasser bedeutet im Bereich der Spiritualität Bewußtsein. Und dieses Bewußtsein ist immer rein, unvermischt, heiligend und belebend. Damit verstehen wir nun, warum *Kurukṣetra Dharmakṣetra* und nicht anders genannt wurde.

Das erste Kapitel als ein einführendes Kapitel zu betrachten und ihm somit wenig Bedeutung beizumessen, wie dies einige Gelehrte, Interpreten und Leser tun, muß kein Akt der Weisheit sein. Das erste Kapitel hat seine eigene besondere Bedeutung. Es handelt von Arjunas Kummer, seinem inneren Widerstreit. Der arme Arjuna wurde voll Leid zwischen zwei gleichermaßen schrecklichen Gedanken hin- und hergerissen: Er muß in den Kampf ziehen, oder er muß es unterlassen. Es ist äußerst seltsam, daß Arjunas Mutter, *Kuntī Devī*, zum ehrwürdigen Krischna betete, sie mit immerwährendem Kummer zu segnen. Warum? Kunti Devi erkannte, daß, wenn der Kummer von ihr abfiele und sie für immer verließe, es dann sicher keine Notwendigkeit für sie gäbe, Sri Krischna anzurufen. Ihre Welt verlangte stets nach Kummer, Leid und Drangsal, damit ihr Herz unaufhörlich des Herrn allmitleidige Gegenwart beherbergen könne. Bis zu einem gewissen Grad mögen wir in uns dieselbe Stimmung wachrufen durch John Keats' »Endymion«: »... doch heiter, heiter, liebt sie [die Trauer] mich sehr; Sie ist so beständig mir und so lieb.«

Vom höchsten spirituellen Gesichtspunkt aus können wir Kunti Devis Weisheit nicht annehmen. Nichtsdestoweniger erfüllte sie wirkungsvoll Kuntis Zweck. Ein spiritueller

Mensch muß nicht das Leid mit der Hoffnung darauf, Gottes Güte zu gewinnen, willkommen heißen. Er muß innerlich streben. Sein inneres Streben muß Gottes Gegenwart in ihm offenbaren – Gottes Liebe, Frieden, Wonne und Macht. Er betrachtet Leid als eine Erfahrung in seinem Leben. Er weiß ebenso, daß es Gott ist, der diese Erfahrung in und durch ihn macht.

Es ist wahr, daß Leiden unser Herz der Gefühle reinigt. Aber das göttliche Licht vollbringt seine Aufgabe unendlich viel erfolgreicher. Doch braucht man keine Angst vor dem Erscheinen des Leidens in seinem Leben zu haben. Ganz und gar nicht. Leiden muß in immerwährende Freude umgewandelt werden. Wie? Durch das stets aufwärts gerichtete Streben unseres Herzens zusammen mit Gottes ewig herabfließendem Mitleid. Warum? Weil Gott ganz Freude ist und weil wir Menschen Gott den Glückseligen sehen, fühlen, verwirklichen und schließlich Er werden wollen.

Die vornehmlichsten Krieger waren nun auf beiden Seiten zu erblicken. Manche waren begierig zu kämpfen, um ihren Mut zu zeigen, während es unvergleichliche Krieger wie *Bhīṣma, Droṇa* und *Kṛpa* gab, die aus moralischer Verpflichtung kämpften. Auf dem Schlachtfelde, kurz bevor die eigentliche Schlacht stattfand, ging Yudhishthira barfuß zur gegnerischen Armee, genauer zu Bhishma, Drona und anderen Wohlmeinenden, um ihren Segen zu empfangen. Während er Yudhishthira vom Innersten seines Herzens heraus segnete, sagte Bhishma: »Sohn, mein Körper wird kämpfen, während mein Herz mit dir und deinen Brüdern sein wird. Euch ist der Sieg bestimmt.« Drona sagte, Yudhishthira segnend: »Ich bin ein Opfer der Pflicht. Ich werde für die Kauravas kämpfen, ja, aber euer wird der Sieg sein. Das ist die Versicherung meines Brahmanenherzens.«*

---

* *Mahābhārata* VI.41; »The Mahabharata« (hrsg. v. V. S. Suktankar u. S. K. Belvalkar), Poona 1933–1959.

Nach den Segnungen kehrte Yudhishthira zurück. Da schmetterten zahllose Trompeten, Muscheln, Kriegstrommeln und Jagdhörner. Elefanten trompeteten, Pferde wieherten. Der wildeste Sturm brach los.

Pfeile flogen gleich Meteoren in der Luft. Vergessen war die süße, alte Zuneigung, zerbrochen die Bande des Blutes. Der Tod sang das Lied des Todes. An dieser Stelle mögen wir uns Alfred Lord Tennysons »Der Ansturm der leichten Brigade« ins Gedächtnis rufen:

Kanonen rechts von ihnen,
Kanonen links von ihnen,
Gefeuert und gedonnert;
Stürmend mit Kugel und Geschoß,
Kühn ritten sie los
In den Rachen des Todes.

Die Kanone war damals, zur Zeit des Mahabharata, nicht erfunden, aber die Szenerie des Todes war dieselbe, mit Pfeilen eben, Schwertern, Streitkolben und Wurfgeschossen. Es erübrigt sich zu sagen, daß wir uns hier mit den Pfeilen, Streitkeulen und dem Löwengebrüll der Kurukshetrahelden und nicht mit den heutigen grandiosen Kriegserrungenschaften identifizieren müssen. Die Freude, die Leistungen der grauen Vergangenheit zu kennen, ist unwiderstehlich und unergründlich zugleich.

Arjuna rief aus: »Fahre bitte meinen Wagen, o Krischna, zwischen die beiden Schlachtstellungen, damit ich jene sehen kann, die nach Krieg dürsten (1,21 + 22)«. Er überblickte prüfend die Schlachtszene. Ach, unter den tödlichen Gegnern sah er gerade jene menschlichen Seelen, die ihm immer lieb und nahe gewesen waren. Überwältigt von düsterem Kummer, verlieh Arjuna, zum ersten Mal in seinem Leben unvergleichlichen Heldentums, der Verzagtheit Ausdruck. »Mein Körper zittert, mein Mund ist ausgedörrt, meine Glieder verlieren alle Kraft, Furcht plagt mich im ganzen Wesen, meine Haare stehen zu Berge, mein Bogen gleitet aus meiner Hand, und meinem Gemüt schwindelt. Selbst zu stehen fällt mir schwer. Krischna, Sieg über sie, die meine gegenwärtigen Feinde sind, suche ich nicht. Sie gehörten zu mir, und das tun sie noch immer. Weder nach Königreich noch Wohlleben verlange ich. Laß sie angreifen, denn das wollen sie, und das werden sie auch tun. Aber ich werde meine Waffe nicht gegen sie schleudern, nicht einmal für die oberste Herrschaft über die drei Welten, von der Erde ganz zu schweigen!« (1,29–35)

Mit einer moralischen Waffe nach der anderen ging Arjuna Sri Krischna an. Er war entschlossen, seine Waffen auf immer abzulegen. Er begann seine Philosophie mit der korrekten Vorhersage der Niedermetzelung seiner Verwandten, der greulichen Katastrophe der Vernichtung der Familie. Er betonte, daß die verlorengegangene Tugend zur Folge hätte, daß die Familie fest im Griff der Sünde gehalten werde. Das alles wäre auf die Gesetzlosigkeit zurückzuführen. Wenn Gesetzlosigkeit vorherrscht, werden die Frauen der Familie verdorben; sind die Frauen einmal verdorben, entsteht Vermischung der Kasten.

Ein Wort über Kastenvermischung. Indien wird noch immer erbarmungslos verlacht, weil es am Kastensystem festhält. Tatsächlich bedeutet Kaste Einheit in Verschiedenheit. Jede Kaste ist wie ein Glied des Körpers. Die Kasten sind: *Brāhmaṇa* (Priester), *Kṣatriya* (Krieger), *Vaiśya* (Bauer) und *Śūdra* (Arbeiter). Den Ursprung der Kasten kann man aus den Veden ersehen: Der *Brāhmaṇa* ist der Mund des *Puruṣa*, der der personifizierte göttliche Herr ist. Der *Rājanya* (*Kṣatriya*) ist die beiden Arme des *Puruṣa*; der *Vaiśya* seine Schenkel; der *Śūdra* seine Füße.

In Verbindung mit Kastenzerstörung sagt Arjuna zum verehrten Krischna ebenso, daß alles zu gefährlicher Sünde führe. In der westlichen Welt scheint das Wort Sünde unglücklicherweise in jedem Lebensbereich stark hervorzutreten. Es ist etwas Unheilvolleres als Verdammnis. Für sie, ich bitte um Vergebung, ist Sünde wesentlicher Teil des

Lebens. Im Osten, besonders in Indien, bietet das Wort Sünde eine andere Bedeutung an. Es meint Unvollkommenheit, nicht mehr und nicht weniger. Das menschliche Bewußtsein schreitet von Unvollkommenheit zu Vollkommenheit fort. Die Seher der Upanishaden maßen der Sünde keine Bedeutung bei. Sie lehrten die Welt die Heiterkeit, Lauterkeit und Göttlichkeit des Menschen.

Um zum armen Arjuna zurückzukommen: »Laß die Söhne Dhritarashtras, mit Waffen gerüstet, meinem Leben ein Ende bereiten, während ich unbewaffnet bin und mich nicht widersetze. Ich ziehe in aller Aufrichtigkeit meinen Tod unserem Siege vor!« (1,46), sagte er.

Sieh nur, Arjuna, der Größte der Helden. Bogen und Pfeile ablegend, sinkt er schmerzerfüllt, pochenden Herzens und sanft in den hinteren Teil seines Wagens zurück.

»Kämpfen ist nichts für Arjuna. Krischna, ich werde nicht kämpfen« (vgl. 2,9).

Wissen

Dieses Kapitel ist mit *»Sāṃkhyayoga«* – »Der Yoga des Wissens« – betitelt. Arjunas Argumente gegen den Krieg erscheinen unserem menschlichen Verständnis überaus einleuchtend. Sri Krischna las im Herzen Arjunas; Verwirrung tobte durch Arjunas Gemüt. Das unmännliche Gefühl in seinem Kshatriyablut sah er als seine Liebe zur Menschheit an. Doch fehlte es Arjuna nie an Aufrichtigkeit. Sein Mund sprach, was sein Herz fühlte. Aber unglücklicherweise barg seine Aufrichtigkeit unbewußt Unwissenheit in sich. Krischna wollte Arjuna aufklären: »O Arjuna, in deiner Rede bist du ein Philosoph, doch nicht in deinen Handlungen. Ein wahrer Philosoph trauert weder um die Lebenden noch die Toten. Aber du, Arjuna, leidest und trauerst. Sag mir, warum beweinst du den vorauszusehenden Tod dieser Menschen? Du existiertest, ich existierte und sie ebenfalls. Niemals werden wir aufhören zu sein« (2,11 + 12).

Wir haben soeben von Arjunas Philosophie gesprochen. Um ehrlich zu sein: Uns wäre es in diesem kritischen Augenblick ebenso ergangen. Wahre Philosophie ist wirklich schwierig zu studieren, aber noch schwieriger zu erlernen, und am schwierigsten ist es, sie zu leben.

Das Sanskritwort für Philosophie ist *Darśana,* was »sehen«, »schauen« bedeutet. Sri Ramakrishna machte einmal folgende bedeutsame Bemerkung: »In der Vergangenheit hatte man häufig Visionen *(darśana)*; heutzutage studiert man *Darśana* (Philosophie)!«

Ebenso bedeutungsvoll ist die Botschaft des Alten Testaments: »...eure Alten werden Träume haben, und eure jungen Männer haben Visionen« (Joel 3,1).

Zum ersten Mal erfuhr Arjuna von Sri Krischna, daß sein Leben und Tod betreffender menschlicher Glaube nicht auf der Wahrheit gegründet war. Er fühlte, daß er von Illusionen verwirrt worden war. Er bat Sri Krischna flehentlich um Aufklärung. »Ich bin dein demütiger Schüler. Lehre mich, sage mir, was das Beste ist für mich« (2,7). Zum ersten Mal kam das Wort »Schüler« von Arjunas Lippen.

Bis dahin war Sri Krischna sein Freund und Kamerad gewesen. Der Schüler erfuhr: »Die Wirklichkeit, die das All durchdringt, ist das unsterbliche Leben. Der Körper vergeht, die Seele jedoch, die das Wahre im Menschen oder der wahre Mensch ist, vergeht nicht, ist unsterblich. Die Seele tötet weder, noch wird sie getötet. Jenseits von Geburt und Tod, beständig und ewig ist die Seele. Wer diese Wahrheit kennt, tötet nicht, noch läßt er töten« (vgl. 2,17–21).

Arjuna mußte die Schlacht des Lebens kämpfen und nicht die »Schlacht von Kurukshetra«. Stärke besaß er, doch Weisheit benötigte er. Das dämmrige Bewußtsein des äußeren Denkens besaß er. Er bedurfte aber des sonnenhellen Bewußtseins der Göttlichkeit seiner Seele.

Sri Krischna verwendete die Begriffe Geburt, Leben und Tod.

Geburt

Geburt ist das Vorwärtsschreiten der Seele von einem niedrigeren zu einem höheren Körper im Prozeß der Evolution, im Verlauf der Seelenreise der Wiedergeburt. – Das *Sāṃkhya*-System behauptet die völlige Wesensgleichheit von Ursache und Wirkung. Ursache ist die still und verborgen eingefaltete Wirkung, und Wirkung ist die wirksam und offen entfaltete Ursache. Evolution kann nach der *Sāṃkhya*-Philosophie niemals aus nichts, aus dem Nichts entstehen. Die Erscheinung des »ist« ist nur möglich aus der Existenz des »war«. Laßt uns unser Denken mit den unsterblichen Worten von William Wordsworth aus seinem Werk »Winke der Unsterblichkeit« erfüllen:

Unsere Geburt ist nichts als ein Schlaf und ein Vergessen:
Die Seele, die aufgeht mit uns, unseres Lebens Stern,
Hatte irgendwo ihren Untergang
Und kommt von weit her:
Nicht in völliger Vergessenheit
Und nicht in äußerster Bloßheit,
Aber Wolken der Herrlichkeit mit uns ziehend, kommen wir
Von Gott, der unsre Heimat ist.

Hier trägt der Dichter uns in das Mysterium der ewigen Reise der Seele und erinnert uns an den ewigen Ursprung.

Leben

Was ist Leben? Es ist die alleinige Gelegenheit der Seele, das Göttliche hier auf Erden zu offenbaren und zu erfüllen. Wenn das Leben seine Reise antritt, reicht die Unendlichkeit ihm die Hand. Auf halber Strecke reicht die Ewigkeit ihm die Hand. Wenn des Lebens Reise vollendet ist, reicht die Unsterblichkeit ihm die Hand. Das Leben lebt das Leben der Vollkommenheit, wenn es in Spiritualität lebt. Lebt es in Spiritualität, dem Atem Gottes, steht es hoch über der Herrschaft der Moral und den Forderungen der Pflicht.

Gott sagt dem menschlichen Leben: »Erhebe dich, erwache, strebe! Dein ist das Ziel.« Das menschliche Leben sagt zu Gott: »Warte, ich raste noch. Ich schlafe und träume.« Doch plötzlich schämt sich das Leben seines Verhaltens. Weinend sagt es: »Vater, ich komme.« Pochenden Herzens sagt es: »Vater, ich werde zu Dir geführt.« Lächelnd sagt es: »Vater, ich bin gekommen.«

Leben, das Problem, kann durch die Seele, die Lösung, gemeistert werden; doch dafür muß man zuerst von innen her erweckt werden.

Tod

Wer das innere Leben lebt, weiß, daß der Tod in Wahrheit eine Stätte der Rast ist. Ihm ist der Tod in keinem Falle Auslöschung. Er ist eine bedeutungsvolle Abreise. Wenn unser Bewußtsein in göttlicher Weise umgewandelt wird, wird sich keineswegs die Notwendigkeit des Todes ergeben. Um das Leben zu wandeln, brauchen wir Frieden, Licht, Glückseligkeit und Kraft. Wir rufen nach diesen göttlichen Eigenschaften, und sie rufen nach unserem inneren Streben. Sie sind ebenso darauf bedacht, uns immerwährendes Leben zu schenken. Aber solange unser Körper, unser vitales Wesen, Denken, Herz und unsere Seele nicht zusammen streben, kann göttliche Kraft, Licht, Glückseligkeit und Friede uns nicht besitzen.

Der Körper ist des Todes, doch nicht die Seele. Der Körper schläft, die Seele fliegt. Wir wollen uns der bewegenden Worte über den Tod und die Seele in diesem Kapitel der Gita entsinnen: »Wie ein Mensch die alten Kleider um der neuen willen ablegt, ebenso geht der Bewohner des Körpers, die Seele, ihre abgenutzten Körper hinter sich lassend, in neue Körper ein. Die Seele wandert von Körper zu Körper. Waffen können sie nicht spalten, noch Feuer sie verbrennen, noch kann Wasser sie durchnässen oder Wind sie austrocknen« (2,22 + 23). Das ist die Seele, und das ist mit der Existenz der Seele gemeint. Nun werden wir gut beraten sein, die Existenz des Todes, sofern sie besteht, in den gewichtigen Worten Sri Aurobindos, des Gründers des Integralen Yoga, zu betrachten. »Tod«, so ruft er aus, »besitzt kein gesondertes Dasein an sich, er ist bloß das Ergebnis des Prinzips des Verfalls im Körper, und dieses Prinzip besteht bereits – es ist Teil der physischen Natur. Doch ist er zugleich nicht unvermeidlich; besäße man dazu das nötige Bewußtsein und die erforderliche Kraft, wäre Verfall und Tod vermeidbar.«*

Was wir Tod nennen, ist nichts als Unwissenheit. Wir können das Problem des Todes nur lösen, wenn wir wissen, was Leben ist. Leben ist ewig. Es war vor der Geburt, und es wird nach dem Tode sein. Leben ist ebenso zwischen Geburt und Tod. Es ist jenseits von Geburt und Tod. Leben ist unendlich. Leben ist unsterblich. Ein Sucher nach der Unendlichen Wahrheit kann Schopenhauers Erklärung nicht zustimmen: »Unsterblichkeit zu begehren bedeutet die endlose Fortsetzung eines großen Fehlers zu begehren.« Es ist der unablässige Sucher im Menschen, daran ist nicht zu zweifeln, der das Leben der Unsterblichkeit ist, denn sein bloßes Dasein deutet hin auf die Vision des Höchsten, die das Universum erhellt, und die Wirklichkeit des Höchsten, welche die Schöpfung erfüllt.

Arjuna, der Schüler, lernte weiter: »Erfülle deine Pflicht. Zögere nicht. Sei nicht kleinmütig. Du bist ein Kshatriya. Es gibt nichts Verlockenderes für einen Kshatriya als einen gerechten Krieg« (2,31).

Die Pflicht eines Kshatriyas (Kriegers) kann niemals jene eines Asketen sein. Noch sollte ein Asket die Pflichten eines Kshatriyas erfüllen. Ebenso darf ein Kshatriya nicht dem

---

* Sri Aurobindo, Letters on Yoga, Bd. 3, Pondicherry 1971, S. 1230.

Weg des Weltentsagers folgen. Nachahmung ist schlecht für einen Sucher. »Nachahmung ist Selbstmord«, so hören wir von Ralph Waldo Emerson.

Eines Kriegers Pflicht ist zu kämpfen, für die Errichtung der Wahrheit zu kämpfen. »Bei seinem Sieg fällt ihm die ganze Erde zu, bei seinem Tod heißen ihn die Pforten des Paradieses willkommen« (2,37). Sri Krischna enthüllte Arjuna den Pfad des *Sāṃkhya* (Wissens): »Arjuna, nimm Sieg und Niederlage, Freud und Leid, Gewinn und Verlust als Eines. Kümmere dich nicht um sie, kämpfe! Wenn du so kämpfst, wirst du keine Sünde begehen« (2,38).

Der Lehrer offenbarte den Pfad des Wissens *(Sāṃkhya)*. Nun wollte er dem Schüler den Pfad des Handelns *(Yoga)* lehren. Erstaunlicherweise erfuhr Arjuna, daß dieser Pfad, der Pfad des Handelns, der zweite Pfad, fruchtbringend ist und ihm ebenso Erlösung schenken wird. Die hehre Wahrheit lautet: »Handeln ist dein Geburtsrecht, nicht das Ergebnis, nicht dessen Früchte. Laß niemals das Ergebnis des Handelns dein Zweck sein, und sei nicht der Untätigkeit verhaftet. Sei tätig und dynamisch, begehre keinen Lohn« (2,47). Wir können die Flamme unseres Bewußtseins in gleicher Weise mit der Lehre der *Īśā* Upanishad entfachen: »Handeln haftet nicht dem Menschen an« (*Īśopaniṣad* 2).

Wir haben den Begriff *Yoga* schon verwendet. Was ist Yoga? »Gleichmut«, sagt Sri Krischna, »ist Yoga« (2,48). Er sagt auch: »Yoga ist weises Geschick im Handeln« (2,50).

Der innere Fortschritt Arjunas ist beachtlich. Jetzt spürt er die Notwendigkeit, sich vom Leben der Wünsche zu befreien. Sri Krischna lehrt ihn, wie er sich völlig vom knechtenden Leben der Sinne loslösen kann, gleich einer Schildkröte, der es gelingt, ihre Glieder aus allen Richtungen einzuziehen. Sich von den Sinnen zurückzuziehen oder sich von den Sinnesobjekten zurückzuziehen bezeichnet in keiner Weise das Ende der Reise des Menschen. »Bloßes Zurückziehen kann dem Entstehen des Begehrens kein Ende setzen. Das Begehren verschwindet nur, wenn der Erhabene Höchste hervortritt. In Seiner Gegenwart hört das Leben der Wünsche auf zu sein – nicht eher« (2,59).

Dieses zweite Kapitel wirft reichlich Licht auf *Sāṃkhya* (Wissen) und *Yoga* (Handeln). *Sāṃkhya* und *Yoga* stehen sich niemals feindlich gegenüber. Das eine ist losgelöste meditative Erkenntnis und das andere gottgeweihtes, selbstloses Handeln. Sie haben ein und dasselbe Ziel. Sie folgen lediglich zwei verschiedenen Wegen zum Ziel.

Um auf das Sinnenleben zurückzukommen. Das Sinnenleben darf nicht zu einem Ende kommen. Es muß im Göttlichen und für das Göttliche geführt werden. Es ist das innere Zurückziehen, nicht das äußere, das unumgänglich ist. Das Tier im Menschen muß sich dem Göttlichen im Menschen zu seiner vollständigen Umwandlung anheimgeben. Das Leben tierischen Vergnügens muß seinen lebendigen und brennenden Atem im allerfüllenden Leben göttlicher Glückseligkeit verlieren.

Die *Kaṭha* Upanishad verkündet die Sprossen der ewig emporsteigenden Leiter:

Höher als die Sinne sind die Sinnesobjekte,
Höher als die Sinnesobjekte ist das Gemüt,
Höher als das Gemüt ist der Intellekt,
Höher als der Intellekt ist das Selbst,
Höher als das Selbst ist das Unoffenbarte
Höher als das Unoffenbarte ist die erhabene Person,
Am höchsten ist dieser Erhabene, das Höchste Ziel. (*Kaṭhopaniṣad* 1.3.10 + 11)

Wir haben gesehen, was geschieht, wenn wir hinaufsteigen. Wir wollen nun sehen, was geschieht, wenn wir über die Sinnesobjekte grübeln. Die Gita verkündet: »Über die Sinnesobjekte zu brüten läßt die Bindung entstehen; Bindung bringt Begehren hervor. (Unerfülltes) Begehren läßt ein Leben in Ärger und Zorn entstehen. Aus Ärger geht Verblendung hervor, aus Verblendung die Verwirrtheit der Erinnerung. In der Verwirrtheit der Erinnerung geht man der urteilenden Weisheit verlustig. Wenn es nirgends Weisheit gibt, herrscht innen wie außen, drunten wie droben, Zerstörung« (2,62 + 63).

Der Tanz der Zerstörung ist vorüber. Wir wollen uns nach Erlösung sehnen. Der disziplinierte, selbstbeherrschte Strebende allein wird mit dem Strom des Friedens gesegnet werden. Schließlich wird der Strebende von der Erlösung, der inneren Erleuchtung, in die Arme geschlossen werden.

Handlung

Kraft unserer Identifikation mit Arjunas Herzen fällt es uns am Beginn dieses Kapitels leicht, zu fühlen, daß wir in die Welt unbarmherziger Verwirrung und unermeßlichen Zweifels gelangt sind. Arjuna begehrt augenblickliche Befreiung von seiner Gemütsanspannung; er möchte eine entschiedene, klare Wahrheit hören. Seine Ungeduld hält ihn davon ab, die ganze Wahrheit in all ihren Aspekten zu sehen. Im vorhergehenden Kapitel verlieh sein göttlicher Lehrer, Sri Krischna, seiner tiefen Wertschätzung für den Pfad des Wissens Ausdruck. Aber zugleich sprach er Arjuna von der dringlichen Notwendigkeit des Handelns. Der Lehrer hatte selbstverständlich nicht die leiseste Absicht, den Schüler in das Meer der Verwirrung zu stürzen – ganz und gar nicht. Worüber Arjuna zu hören verlangte, war eine breitere Sicht der Wahrheit und eine tiefere Bedeutung der Wirklichkeit. Wenn wir sie mit den Augen Arjunas betrachten, ist seine Welt eine Welt der widerstreitenden Ideen. Schauen wir aber mit den Augen Sri Krischnas, sehen wir eine Welt sich ergänzender Facetten der allbegründenden und allgegenwärtigen Wahrheit.

Wissen und Handeln, so glaubte Arjuna, würden ihn zum

selben Ziele führen. Warum ist er dann dazu verurteilt, oder wird von ihm erwartet, durch das Blutbad des Krieges, der durch das Handeln ihm auferlegt ist, zu waten?

Es stimmt, daß der Himmel von Arjunas Denken mit dunklen Wolken bedeckt war, doch der Himmel seines Herzens schmachtete nach wirklicher Aufklärung. Seine mächtige Frage lautet: »Wenn du Wissen als dem Handeln überlegen betrachtest, warum drängst du mich zu dieser schrecklichen Tat?« (3,1)

Sri Krischna sagt nun darauf: »Es gibt, Arjuna, zwei Pfade – das habe ich dir bereits gesagt: den Pfad der Erkenntnis und den Pfad des Handelns. Durch die göttliche Kunst der Versenkung folgt der Strebende dem Pfad der Erkenntnis. Durch den dynamischen Impuls selbstloser Werke folgt der Sucher dem Pfad des Handelns« (3,3).

Erkenntnis fühlt, daß die Welt im Inneren die wahre Welt ist. Handeln fühlt, daß die Welt *außen* die wahre Welt ist. Der Pfad der Erkenntnis dringt in das Innere von außen her vor, während der Pfad des Handelns vom Inneren in das Äußere geht. – Das ist der Unterschied. Aber die scheinbare Zweifachheit kann niemals die ganze, die Höchste Wahrheit sein.

Ein arabisches Sprichwort sagt:

Es gibt vier Arten von Menschen:
Jener, der nicht weiß und nicht weiß, daß er nicht weiß:
Er ist ein Narr – meide ihn.
Jener, der nicht weiß und weiß, daß er nicht weiß:
Er ist einfältig – lehre ihn.
Jener, der weiß und nicht weiß, daß er weiß:
Er schläft – erwecke ihn.
Jener, der weiß und weiß, daß er weiß:
Er ist weise – folge ihm.

Auch Arjuna mußte durch diese Stufen der Entwicklung gehen. Am Ende des ersten Kapitels erklärte er: »O

Krischna, ich werde nicht kämpfen.«* Er kannte die Wahrheit nicht und war sich dessen nicht bewußt. Krischna, ganz Mitleid, konnte seinem ihm lieben Arjuna nicht ausweichen. »Ich flehe dich an, sag, was das Beste für mich ist« (2,7). – Hier rührt Arjunas einfache Aufrichtigkeit die Tiefe von Krischnas Herzen, und der Lehrer beginnt den Aspiranten zu unterweisen.

Sein ganzes Leben lang hatte Arjuna gewußt, daß Heldentum der ureigenste Atem eines Kshatriyas wie er war, doch sein Verstand verdunkelte dieses innere Wissen für kurze Zeit. Er befand sich in der Welt verblendenden Schlafes. Daher mußte Sri Krischna ihn aufwecken, indem er sagte: »Arjuna, kämpfe! Siegst du, wirst du dich an der Herrschaft über die Erde erfreuen! Stirbst du, stehen die Tore des Paradieses weit offen« (2,37).

Schließlich erkannte Arjuna, daß Sri Krischna die Wahrheit nicht nur kannte, sondern die Wahrheit war. Somit wollte er Sri Krischna folgen. Er rief aus: »*Śaraṇāgataḥ* – Du bist meine Zuflucht. Ich stehe dir zu Diensten.«

Wer dem Pfad des Handelns folgt, ist von Natur aus einfach, sagt Krischna. Er ist einfach, seine Taten sind direkt, das Ergebnis folgt unmittelbar. Arjuna begehrt jedoch Freiheit vom Handeln, was so gut wie unmöglich ist. Taten werden nicht nur vom Körper verrichtet, sondern ebenso im Körper vom Denken. Taten geschehen ebenso in den bewußten wie den unterbewußten Ebenen des Wesens. Sie können nicht zum Stillstand kommen. Die Tat kann niemals vom Verschwinden träumen, solange die Antriebe der Natur lebendig sind. Handlung bindet uns nur, wenn wir sie mit unseren Vorlieben und Abneigungen binden. Der Baum des Handelns wächst in uns entweder mit seinen giftigen oder ambrosischen Früchten.

---

* Vgl. *Bhagavadgītā* 2.9 (und 1.46) und S. 121 f. des vorliegenden Kommentars.

Nach dem Philosophen Shankara kann man die Existenz Gottes bezweifeln, aber es ist niemandem möglich, seine eigene Existenz in Frage zu stellen. Ein Mensch, falls er Hausverstand besitzt, glaubt an sein gegenwärtiges Dasein. Möchte er einen Schritt weitergehen, muß er das unleugbare Vorhandensein des Schicksals anerkennen. Und was ist das Schicksal? Schicksal ist die sich entfaltende Erfahrung des eigenen Bewußtseins. Diese Erfahrung ist weder verborgen noch unbestimmt. Es ist die notwendige Unumgänglichkeit eines kosmischen Gesetzes, das nach seiner äußeren Manifestation in vollkommener Vollkommenheit strebt.

Aktio und Reaktio sind die Vorder- und Rückseite derselben Münze. Manchmal mag es scheinen, als seien sie zwei fürchterliche Feinde. Nichtsdestoweniger ist die Gleichwertigkeit ihres Vermögens unbestreitbar. Der Sohn Gottes sagte die erhabenen Worte: »... denn alle, die zum Schwert greifen, werden durch das Schwert umkommen« (Matthäus 26,52).

Handlung selbst besitzt keine bindende Kraft, noch benötigt sie eine solche. Das Begehren im Handeln besitzt die Macht, uns zu binden und uns zu verkünden, daß Freiheit nicht für Sterbliche sei. Doch wenn in der Handlung Opferbereitschaft zu erkennen ist oder wenn die Handlung im Geiste aufopfernder Hingabe vollzogen wird oder aber Handlung als andere Bezeichnung für Opfer angesehen wird, dann ist Handeln Vollkommenheit, Handeln Erleuchtung, Handeln Befreiung.

Für den, der einen Körper besitzt, ist Handeln eine Notwendigkeit, ein Muß. Der Mensch ist das Ergebnis eines göttlichen Opfers. Das Opfer ist es, das die Wahrheit schauen und des Menschen Dasein erfüllen kann. In der aufopfernden Hingabe allein sehen wir die Verbindung und das erfüllende Bindeglied zwischen dem einen Einzelwesen und dem anderen. Zweifellos schreitet die Welt voran und entwickelt sich, doch in der westlichen Welt wird Opfer häufig als gleichbedeutend mit Dummheit und Unwissenheit angesehen. Um William Q. Judge, einen der frühen führenden Theosophen, zu zitieren: »Obwohl Moses das Opfer für die Juden begründete, haben die christlichen Nachfolger es in Geist wie Schrift abgeschafft, mit dem seltsamen inneren Widerspruch, der es ihnen erlaubt, die Worte Jesu, daß ›nicht ein Buchstabe des Gesetzes schwinden soll, bis all dies erfüllt ist‹, zu ignorieren.« Der heutige Osten ist dabei selbstverständlich keine Ausnahme.

Was ist Opfer? Es ist die Entdeckung universellen Einsseins. Im Rigveda lesen wir vom Erhabenen Opfer des Weisen *Bṛhaspati*: *Devebhyaḥ kam āvṛṇīta mṛtyuṃ* ... (*Ṛgveda* X.13.4). »Den Tod wählte er um der Götter willen, und er wählte die Unsterblichkeit nicht um der Sterblichen willen.«

Opfer ist das Geheimnis sich selbst hingebenden Dienstes. Angst oder ein anderes zweifelhaftes Motiv war es, das die primitiven Gemüter zwang, das Opfer aufzugreifen. Sie dachten, die Augen der kosmischen Götter würden Feuer speien, wenn sie nicht Tiere als eine Gabe opferten. Zumindest waren sie klug genug, nicht ihre Kinder, ihre Liebsten und Nächsten zu opfern. Der Höchste wollte, will noch immer und wird stets das Opfer von den Menschen wie den Göttern zu deren gegenseitigem Nutzen wollen. Ihr gegenseitiges Opfer macht beide Seiten eins und untrennbar. Die Menschen werden ihr spirituelles Streben darbringen; die Götter werden ihre Erleuchtung darbringen. Ein Mensch voll wahrer Zufriedenheit ist ein Mensch gottgeweihter Darbringung. Die Sünde kann in seiner Nähe nicht bestehen. Zuerst verlangt die Existenz der Menschheit als ein Ganzes Beachtung; das individuelle Dasein kommt danach. Arbeit, die im Geiste reinster Darbringung vollbracht wird, führt den Strebenden zum Sitz vollkommener Gültigkeit.

Besitz bringt keine Befriedigung, solange das Ego in uns atmet. Der große König *Janaka* wußte dies. Es ist daher nicht verwunderlich, daß *Janaka* vom Weisen *Yājñavalkya* am meisten geliebt wurde. Dessen Brahmanenschüler meinten, daß *Janaka* bevorzugt werde, bloß weil er ein König war. Es war klar, daß Gott den Weisen *Yājñavalkya* nicht solch böse Kritik erleiden lassen würde. Was geschah dann? Mithila, Janakas Hauptstadt, begann in hochaufschlagenden, verzehrenden Flammen zu brennen. Die Schüler liefen davon, verließen ihren Lehrer und eilten zu ihren jeweiligen Hütten. Aus welchem Grunde? Nur um ihre Lendentücher zu retten. Alle außer Janaka flohen. Er beachtete seine Reichtümer und Schätze, die in der Stadt brannten, nicht. Janaka blieb bei seinem Guru, Yajnavalkya, und lauschte der ambrosischen Rede des Weisen. *Mithilāyām pradagdhāyāṃ na me kiñcit praṇaśyati.** »Nichts verliere ich, selbst wenn Mithila zu Asche verbrannt würde.« Nun verstanden die Schüler, warum ihr Guru Janaka am meisten begünstigte. Das ist der Unterschied zwischen einem Menschen von Weisheit und einem Menschen der Unwissenheit. Ein unwissender Mensch weiß, daß das, was er hat, der Körper ist. Ein Mensch der Weisheit weiß, daß das, was er hat und was er ist, die Seele ist. Daher sind ihm die Bedürfnisse der Seele von größter Wichtigkeit.

Sri Krischna eröffnete Arjuna das Geheimnis von Janakas Erlangung der Selbstverwirklichung und Erlösung. Janaka handelte losgelöst. Er handelte um der Menschheit willen, durchflutet vom Licht und der Weisheit des Göttlichen. Dies ist in der Tat der Weg der Edlen. Krischna wollte, daß Arjuna diesen Weg ginge, so daß die Welt ihm folge. Vielleicht war Arjuna nicht gänzlich überzeugt. Um Arjuna daher uneingeschränkt und gänzlich zu überzeugen, brachte Sri Krischna sich selbst ins Bild. Er gab ein Beispiel von Sich Selbst: »Nichts habe ich zu tun in den drei Welten, noch gibt es etwas, das, von mir noch nicht erreicht, sich zu gewinnen lohnte; doch unaufhörlich bin ich tätig, immer

---

* Das ist ein bekannter Ausspruch des Königs *Janaka*, der in sprachlich leicht abgeänderter Form *(Mithilāyām pradagdhāyāṃ na me dahyati kiñcana)* auch in *Mahābhārata* XII.17.18 zitiert wird.

halte ich meine Existenz in Tätigkeit. Wäre ich nicht tätig, würde die Welt vergehen« (3,22–24).

Sri Krischna wollte, daß Arjuna von den Fesseln der Unwissenheit befreit würde. Der einzige Weg, wie Arjuna dies tun könnte, war, ohne Verhaftung zu handeln. Sri Krischna verkündete Arjuna das höchste Geheimnis: »Weihe alles Tun mir, indem du dein Denken auf mich, das Selbst in allem richtest...« (3,30).

Alle Wesen müssen ihrer Natur gemäß leben. Es gibt kein Entrinnen, noch kann es das geben. Was kann Selbstbeschränkung schon ausrichten? Des Menschen Pflicht ist des Himmels unvergleichlicher Segen. Man muß wissen, was seine Pflicht ist. Ist diese Pflicht einmal erkannt, muß sie bis zum letzten getan werden.

Ich schlief und träumte, das Leben wäre Schönheit;
Ich erwachte und sah: Das Leben war Pflicht.
Ellen S. Hooper, »Beauty and Duty«

Des Lebens Pflicht, vollzogen in einem spontanen Fluß der Selbstdarbringung an die Menschheit, unter der bestimmten Führung des inneren Wesens, kann allein das Leben der Schönheit verwandeln, die himmlische Schönheit der inneren Welt, und die irdische Schönheit der äußeren Welt.

Arjunas Pflicht war es zu kämpfen, denn er war ein Kshatriya, ein Krieger. Dieses Kämpfen geschah nicht um der Macht willen, sondern damit sich die Wahrheit gegenüber der Falschheit behaupte. Sri Krischnas äußerst ermutigende und beseelende Worte, die Pflicht jedes einzelnen betreffend, verdienen all unsere Bewunderung. »Besser ist es, immer seine eigene Pflicht zu tun, sei sie auch noch so bescheiden, als die eines anderen, wie verführend auch immer. Sogar der Tod in der Ausführung seiner Pflicht bringt Segen selbst; zu Gefahr verurteilt wird jener sein, der die einem anderen auferlegte Pflicht tut« (3,35).

Arjuna hat nun noch eine recht passende Frage, und das ist seine letzte Frage in diesem Kapitel. »Wovon gedrängt, o

Krischna, begeht ein Mensch Sünden, obschon er selbst es nicht will?« (3,36). *»Kāma, Krodha«*, antwortet Krischna, »Begehren und Zorn – dies sind die schrecklichen Feinde des Menschen« (3,37).

Begehren ist unersättlich. Wenn Begehren einmal gekommen ist, weiß es nicht zu verschwinden. Die Erfahrung *Yayātis* kann unser Verständnis reichlich erhellen. Laßt uns von seiner hohen Erfahrung hier erzählen. König Yayati war einer der berühmten Ahnherren der Pandavas. Er war es nicht im geringsten gewohnt, Niederlagen hinzunehmen. Er war in den *Śāstras* (Schriften) gut bewandert, und seine Liebe zu den Untertanen seines Reiches war unermeßlich. Er war Gott sehr ergeben. Doch trotzdem war sein Schicksal grausam. Sein Schwiegervater, *Śukrācārya*, der Lehrer der *Asuras* (Dämonen), sprach einen unheilvollen Fluch über ihn aus, und er sah sich gezwungen, *Śarmiṣṭhā*, zu der Tochter *Devayānī* hinzu, zu heiraten. Shukracharya verfluchte Yayati mit vorzeitigem Alter. Es versteht sich, daß der Fluch sofort wirksam wurde. Der unnachgiebige Stolz von Yayatis Männlichkeit wurde unbarmherzig vom Alter gebeugt. Vergebens rief der König um Vergebung. Doch beruhigte Shukracharya sich ein wenig: »König«, sagte er, »ich mindere die Strenge meines Fluches. Wenn irgendein Mensch einwilligt, die Schönheit und Herrlichkeit seiner Jugend mit dir, mit dem bedauernswerten Zustand deines Körpers zu vertauschen, dann wirst du die Blüte deiner eigenen Jugend zurückerhalten.«

Yayati hatte fünf Söhne. Er bat seine Söhne darum, versuchte sie mit dem Thron seines Reiches zu locken und sie auf alle möglichen Arten zu überreden, einem Austausch der Leben zuzustimmen. Seine ersten vier Söhne lehnten dies milde und wohlweislich ab. Der jüngste, der hingegebenste, *Puru*, nahm das Alter seines Vaters freudig an. Siehe da, Yayati wurde augenblicklich die Kraft seiner Jugend zurückgegeben. Sofort ergriff das Begehren Besitz von seinem Körper und wies ihn an, das Leben bis zum letzten

Tropfen auszukosten. Er verliebte sich hoffnungslos in eine *Apsarā* (Nymphe) und verbrachte mit ihr viele Jahre. Doch ach, seine unersättliche Begierde konnte durch Selbstnachgiebigkeit nicht beruhigt werden. Niemals. Letztendlich erkannte er die Wahrheit. Er sagte zu seinem liebsten Sohn Puru liebevoll: »Sohn, o mein Sohn, es ist unmöglich, den Hunger der Sinne zu stillen. Er kann niemals durch Genuß gestillt werden, so wenig wie Feuer gelöscht wird, indem man Ghee (gereinigte Butter) in es gießt. Dir gebe ich meine Jugend zurück. Dir gebe ich wie versprochen mein Königreich. Regiere das Reich hingebungsvoll und weise.« Erneut wurde Yayati alt. Puru gewann seine Jugend zurück und regierte das Reich. Den Rest seines Lebens verbrachte Yayati im Walde, Askese übend. Zur angemessenen Zeit tat Yayati dort seinen letzten Atemzug. Der Seelenvogel flog zu seinem Wohnsitz der Glückseligkeit zurück.*

Bernard Shaws passende Bemerkung über das Begehren kann, um zum Ruhme dieser Erfahrung Yayatis beizutragen, angeführt werden. Shaw sagte: »Es gibt zwei Tragödien im Leben. Die eine ist dein unerfüllter Herzenswunsch. Die andere dein erfüllter.« – *Man and Superman.*

Die Rolle des Begehrens ist vorüber. Laßt uns nun die Raserei des Zornes begreifen. Unerfüllte Wünsche bringen Zorn hervor. Zorn ist der wilde Elefant im Menschen. Zu unserer Überraschung fanden es die meisten der gepriesenen alten indischen Seher fast unmöglich, den Zorn zu besiegen. Sie pflegten Menschen zu jeder Zeit und Unzeit und manchmal sogar sinn- und zwecklos zu verfluchen. Der Weise *Durvāsa* aus dem Mahabharata führte die Liste der erfolgreich von Zorn verzehrten Weisen an. Er war zugleich die verkörperte asketische Strenge und die verkörperte Wut.

Werden die Wünsche erfüllt, wird das Leben zu einem

---

* *Rāmāyana* 7.58–59; vgl. ebenso *Viṣṇupurāṇa* IV.10 und *Brahmapurāṇa* 146.11–18.

Dornenbeet. Werden sie bezwungen, wird das Leben zu einem Beet von Rosen. Wird das Begehren in spirituelles Streben umgewandelt, fliegt das Leben in die höchste Befreiung und sitzt zu Tische mit der Erhabenen Erlösung.

Erkenntnis, Handeln und Opfer

Im zweiten und dritten Kapitel der Gita segnete Sri Krischna Arjuna mit nur einem Schimmer des Lichtes des Yoga. In diesem Kapitel segnet er Arjuna mit einer Flut spirituellen Lichts. Er enthüllt weitschweifig und offen die Geheimnisse des Yoga. Es ist schwer für Arjuna zu glauben, daß Sri Krischna *Vivasvān* (den Sonnengott) diesen ewigen Yoga gelehrt hat. *Vivasvān* gab ihn seinem Sohn *Manu* weiter, und *Manu* verkündete ihn seinem Sohn *Īkṣvāku*. Von ihm kam er auf die königlichen Seher. Lange schon vor Sri Krischnas Geburt erblickte *Vivasvan* das Licht des Tages. Natürlicherweise stürzte Sri Krischnas Erklärung Arjuna in das Meer der Verwirrung.

Das ewige Mysterium der Wiedergeburt wird nun enthüllt. Sri Krischna lehrt: »Arjuna, du und ich gingen durch zahllose Geburten. Ich kenne sie alle, doch deine Erinnerung versagt. Trotzdem ich weder Geburt noch Tod kenne und der Höchste Herr aller Wesen bin, manifestiere ich mich im physischen Universum durch meine eigene *Māyā*, indem ich meine *Prakṛti* (Natur) beherrsche« (4,5 + 6).

Maya

Māyā bedeutet Illusion. Sie bedeutet ebenso die Unwirklichkeit vergänglicher Dinge. Die Unwirklichkeit wird personifiziert als ein weibliches Wesen, das ebenfalls *Māyā* genannt wird. Die Wörter *Dharma* und *Māyā* sind der beständige und spontane Ausdruck der indischen Seele. Nach Shankara, dem Vedantin des Himalajagipfels, gibt es nur eine Absolute Wirklichkeit ohne eine zweite: das Brahman. Der Advaita oder die Alleinheitslehre, die sich vom Vedanta herleitet, ist eine bedeutende Philosophie. Es gibt nur das Brahman. Nichts außerhalb des Brahman existiert. Die Welt, wie sie vor unseren mentalen Augen erscheint, ist eine kosmische Illusion, ein täuschendes Gefängnis. Nur wenn wahre Erkenntnis in uns erwacht, werden wir in der Lage sein, uns aus den Schlingen der Unwissenheit und den Fallstricken von Geburt und Tod zu befreien.

Etwas, das ist, ist wirklich. Etwas, das erscheint, ist unwirklich. Ein ewiges Leben ist wirklich. Unwissenheit und Tod sind unwirklich. *Māyā* ist eine Art Kraft, erfüllt von Mysterien. Wir wissen, daß Elektrizität eine Kraft ist, aber wir wissen tatsächlich nicht, was Elektrizität ist. Dieselbe Wahrheit ist auf *Māyā* anwendbar. Gott gebraucht seine *Māyā*-Kraft, um in das Feld der Manifestation zu treten. Sie ist der Vorgang des Werdens des einen zu den Vielen und wiederum die Rückkehr der Vielen zu dem ursprünglichen Einen.

Prakriti

Prakṛti (Prakriti) bedeutet Natur. Sie ist sowohl die materielle Ursache als auch die Grundursache von allem in der offenbarten Schöpfung. *Puruṣa* (Puruscha) ist das stille Antlitz. *Prakṛti* ist das belebende Lächeln. *Puruṣa* ist das reine Zeugenbewußtsein, während Prakriti das sich entfaltende und umformende Bewußtsein ist. In und durch *Prakṛti* vollzieht sich die Erfüllung des Kosmischen Spiels.

Arjuna kannte Sri Krischna als seinen lieben Vetter; später kannte er ihn als seinen Busenfreund; später noch kannte er ihn als seinen geliebten Guru oder spirituellen Lehrer. In diesem Kapitel hier lernt er Sri Krischna als den Erhabenen Gebieter der Welt kennen. Krischna sagt: »Wann immer Sündhaftigkeit sich erhebt und Tugendhaftigkeit verfällt, verkörpere ich mich. Die Tugendhaften zu beschützen und zu bewahren und den böse Handelnden ein Ende zu bereiten, den Dharma zu begründen, manifestiere ich mich von Zeitalter zu Zeitalter« (4,7 + 8). Aus diesen seelenbewegenden Äußerungen erfahren wir im selben Augenblick, daß Er die Höchste Erkenntnis und die Höchste Macht ist. Vertrauensvoll und lächelnd lädt er Arjuna mit einem spirituellen Hochspannungsstrom aus seinem mächtigen Kraftwerk auf.

Saṃbhavāmi Yuge Yuge (4,8)
»Ich verkörpere Mich von Zeitalter zu Zeitalter.«

Sri Krischna gibt sich nun als ein Avatar zu erkennen. Ein Avatar ist die unvermittelte Herabkunft Gottes. In der Welt der Manifestation verkörpert er den Unendlichen.

In Indien gibt es einen spirituellen Meister, der verkündete, ein Avatar zu sein. Unglücklicherweise wurde er zum Gegenstand gnadenlosen Spottes, im Westen wie im Osten. Als er keinen tapferen Kampf gegen diesen bitteren Hohn zu führen imstande war, mußte er letztendlich seine erfolglose Vorgangsweise ändern. Seine stolze Erklärung ging einen Schritt weiter: »Nicht nur ich, sondern jeder ist ein Avatar.« Wenn jeder ein Avatar ist, wer soll dann wen tadeln? Siehe da, der selbsternannte Avatar kann nun einen Seufzer der Erleichterung ausstoßen.

Es mag lächerlich klingen, aber tatsächlich erhebt so gut wie jeder Schüler in Indien für seinen Guru den Anspruch, ein Avatar, die unvermittelte Herabkunft Gottes, zu sein. Eine Flutwelle von Begeisterung schlägt über sie hinweg, wenn sie über ihren Guru sprechen. Die spirituelle Größe Swami Vivekananda konnte sich die Äußerung nicht verkneifen, daß in Ostbengalen, Indien, die Avatare wie Pilze aus der Erde schießen würden. Andererseits ist es ebenso lächerlich zu erklären, es hätte nur einen Avatar, den Sohn Gottes, gegeben und es könne nur ihn allein geben.

Immer wenn ein Avatar kommt, spielt er, gemäß dem Erfordernis des Zeitalters, eine andere Rolle im Fortgang der Evolution. Im innersten Wesen ist ein Avatar vom anderen nicht verschieden. Ein echter Avatar, Sri Ramakrishna, hat die Wahrheit enthüllt: »Er, der in der Vergangenheit Rama war, er, der Krischna war, existiert nun in diesem Körper als Ramakrishna.«*

Es gibt zwei ewige Gegensätze: Gut und Böse. Nach Sri Krischna muß Gott sich die menschliche Hülle in der Form eines Avatars umlegen, wenn Niederträchtigkeit den höchsten Grad erreicht. Sri Krischnas Herabkunft mußte sich mit der dunkelsten bösen Kraft, *Kaṃsa*, auseinandersetzen. In ähnlicher Weise brauchte Herodes, der Tyrann ohnegleichen, die Herabkunft Jesu Christi. Weihnachten, die Geburt Christi, forderte die Auslöschung des Lebens der Unwissenheit. *Janmāṣṭamī*, die Geburt Krischnas, wird in ganz Indien in der Hoffnung auf ein Verlassen des Meeres der Unwissenheit und das Eintauchen in den Ozean der Erkenntnis gefeiert.

Der leichteste und wirkungsvollste Weg, die Idee eines persönlichen Gottes zu begreifen, ist, mit einem Avatar in Berührung zu kommen und unter seiner Führung zu bleiben. Einen Avatar als seinen Guru zu haben bedeutet einen sicheren Hafen für sein Lebensboot zu finden. In diesem Zusammenhang können wir Vivekanandas kühne Behauptung anführen: »Kein Mensch kann Gott anders schauen als durch diese Manifestationen im Menschen ... Sagt, was ihr wollt, versucht so hart ihr könnt, aber die Vorstellung, die wir uns von Gott machen können, bleibt immer eine Vorstellung vom Menschen.«**

Wie viele meinen ist, so wie der Buddha der vollkommenste Mensch ist, Sri Krischna der größte Avatar, den die Welt je gesehen hat.

---

* Siehe z. B.: Swami Nikhilananda, Vivekaṇanda. A Biography, Kalkutta 1987, S. 67.

** Swami Vivekananda, Karma-Yoga und Bhakti-Yoga, Freiburg i. Br. 1983, S. 181.

Es gibt auch *Aṁśāvatāras* (teilweise Avatare). Doch Sri Krischna ist ein *Pūrṇāvatāra* (ein vollständiger Avatar), in dem und durch den der Allerhöchste vollständig, uneingeschränkt und ganzheitlich offenbart ist. Wenn menschliches Streben und Sehnen hinaufsteigt, kommt das göttliche Mitleid in der Hülle eines Avatars herab.

»Wie die Menschen sich mir nähern, so nehme ich sie an« (4,11). Es gibt keinen wunderbareren Trost für das blutende Herz der Menschheit als dies. Nehmen wir Krischna mit Glauben an, erhellt er unser zweifelndes Denken. Nehmen wir Krischna mit Liebe an, reinigt er unser peinigendes vitales Wesen. Nehmen wir Krischna mit Hingabe an, verwandelt er die Unwissenheitsnacht unseres Lebens in die Erkenntnissonne Seines Ewigen Lebens.

Sri Krischna will unser Denken nun fest auf die Kasten richten. Er sagt, daß er es war, der die vierfältige Ordnung des Kastensystems, in Harmonie mit den Fähigkeiten und Erkenntnissen jeder Kaste, schuf. Es gibt Leute, die alle Bedeutung Abstammung und Vererbung zumessen und absichtlich jene nicht beachten, die mit Fähigkeiten und Talenten in reicher Fülle gesegnet sind. Das Ergebnis ist, daß die Gesellschaft die unbarmherzigen Schläge großer Unordnung zu erleiden hat. Es ist wahr, daß Abstammung und Vererbung vor allem in der höheren Gesellschaft eine bedeutsame Stellung verschaffen. Doch diese bedeutsame Stellung kann uns nicht einmal ein bißchen Licht und Wahrheit geben. Nur durch Handlung, klar und edel, können wir zum Höchsten werden und das Tiefste hier auf Erden offenbaren.

Handeln, Nicht-Handeln und falsches Handeln

Von Vers 16 bis 22 sehen wir Krischna Handeln, Nicht-Handeln und falsches Handeln erklären. Handeln – das heißt wahres Handeln – bedeutet nicht bloß, unsere Arme und Köpfe zu bewegen. Handeln bedeutet, die Sinne zu beherrschen. Falsches Handeln bedeutet, sich mit den Begierden herumzuschlagen. Falsches Handeln bedeutet, seinem inneren Wesen nicht zu gehorchen. Falsches Handeln bedeutet, vom Pfad der verborgenen wie offenbaren Wahrheit abzuschweifen.

In gängiger Ansicht ist Nicht-Handeln gleichbedeutend mit Trägheit, Faulheit und ähnlichem. Doch wahres Nicht-Handeln bedeutet, sich unablässig in Tätigkeiten zu stürzen, während man das bewußte Denken in einem Zustand erhabener Ruhe oder Versenkung hält.

Glaube und Zweifel

Glaube und Zweifel beschließen das vierte Kapitel. Glaube ist nicht ein bloßes Gefühl, seiner Überzeugung treu zu bleiben. Es ist der lebendige innere Atem, die Wahrheit zu entdecken, zu verwirklichen und zu leben. Glaube ist die nach eigenem Willen des Suchers praktizierte Übung, sich zu zwingen, im allsehenden und allerfüllenden Willen Gottes zu weilen. Der Yajurveda verkündet uns, daß Gottgeweihtheit zu Selbsthingabe erblüht, Gnade zu Gottgeweihtheit, Glaube zu Gnade und Wahrheit zu Glaube erblüht. Was ist Glaube denn? Um Charles Hanson Towne zu zitieren:

Ich brauche meinen Glauben nicht hinauszuschreien.
Dreimal so beredt sind stille Bäume
Und die lauschenden Wiesenböden.
Still sind die Sterne, deren Kraft niemals vergeht;
Die Hügel sind stumm: doch wie sie von Gott nur reden!

Zweifel ist blanke Dummheit. Zweifel ist völlig sinnlos. Zweifel ist im Äußeren eine Feuersbrunst. Zweifel ist im Inneren Zerstörung.

»*Saṁśayātmā vinaśyati*« – »Wer Zweifel besitzt, geht unter« (4,40). Er ist verloren, völlig verloren. Ihm ist der Pfad des Geistes verwehrt. Ebenso ist ihm das Geheimnis der Erleuchtung des Lebens verwehrt.

Es sagt Krischna: »Für den Zweifler gibt es weder diese unsere Welt noch die jenseitige Welt, nein, nicht einmal Freude« (4,40).

Im *Nyāya* (Logik), einem der sechs Systeme indischer Philosophie, sehen wir, daß Zweifel nichts als ein widersprüchliches Urteil ist, das sich auf die Natur eines Gegenstandes bezieht.

Zweifel entsteht aus der bloßen Tatsache, daß er Merkmale, die vielen Dingen gemeinsam sind, oder Merkmale, die keinem Ding zukommen, anerkennt. Zweifel ist genau das, welches der Geregeltheit der Wahrnehmung ermangelt. Ebenso existiert Zweifel, da er inexistent ist, nur gemeinsam mit Nicht-Wahrnehmung.

Zweifel ist ein alles verschlingender Tiger. Glaube ist ein brüllender Löwe, der Aspiranten inspiriert, in das allerleuchtende und allerfüllende Höchste hineinzuwachsen.

Der ärmliche, blinde Zweifel will in seinem Vergessen der wirklichen Wahrheit, daß Glaube die stärkste und überzeugendste Bejahung des Lebens ist, dem Lebensboot des Menschen einen gewaltsamen Stoß versetzen.

Des Dichters einprägsame Worte der Wahrheit rühren unsere Herzen bis in ihre Tiefen.

Besser ein Tag des Glaubens
Denn des Zweifels tausend Jahre!
Besser eine sterbliche Stunde mit Dir
Denn ohne Dich ein endlos Leben.

Entsagung

Zu vergleichen war damals üblich, und so ist es noch immer. Es wird vielleicht immer so sein, insbesondere im Feld der Manifestation. Entsagung und selbstloses Handeln werden nun verglichen.

Dies ist Arjunas Bitte.

»Beides preisest du, o Krischna, Entsagung und selbstloses Handeln. Sag mir ganz entschieden ein für allemal, welches von beiden besser ist« (5,1).

Sri Krischnas unvermittelte Antwort ist: »Beide führen zur Höchsten Glückseligkeit, doch Handeln ist leichter, Handeln steht höher« (5,2).

Der Göttliche Lehrer macht jedoch deutlich, daß Entsagung nicht in einem Augenzwinkern erlangt werden kann. Und die Frucht der Entsagung ohne selbstloses Handeln zu gewinnen ist beinahe unmöglich.

Yoga ist von Getrenntheit befreites Handeln. Ein Gefühl der Trennung zu spüren ist der Tod der Entsagung. Mit einem Gefühl allumfassenden Einsseins ausgeführte Handlung ist die glorreiche Geburt der Entsagung.

Zwei Schulen. Eine Schule lehrt, jeglichem Handeln zu entsagen. Die andere Schule lehrt die Ausführung von Taten, richtigen Taten. Eine Schule sagt: »Höre auf zu handeln«. Die andere Schule sagt: »Beginne alles zu tun.« Ach! Da die Botschaft der Gita in Indien nicht wirklich verstanden wurde, ist dieses Land überreich an trockenen Asketen und unerleuchteten Menschen der Tat.

Aus Handlung entspringt Handlung. Handlung als solche kann niemals dem Handeln ein Ende setzen. Handlung ist ohne Ende. Handlung ist ewig. Ganz gleich wie hart wir arbeiten, wie lange wir arbeiten, bloßes Handeln kann uns niemals das Antlitz des Höchsten erblicken lassen. Jener ist ein wahrer *Karmayogī**, der für den Höchsten und für den Höchsten alleine arbeitet. Der Karmayogi ist zu gleicher Zeit wahrhaft der größte Entsager, denn er erstrebt nichts und weist nichts zurück. Vorlieben wie Abneigungen haben für ihn gleiches Gewicht. Seinem obersten Gebot unterstehen alle Gegensatzpaare. Sie existieren, um ihn zu bestäti-

---

* Ein Yogi, der den Yoga des Handelns, den Yoga der Tat *(karma)*, ausübt.

gen, ihn zu erfüllen, ihn mit dem inneren und äußeren Sieg zu krönen.

Krischnas Lehren peilen ein Ziel an, die Höchste Glückseligkeit. Menschliche Veranlagungen sind zwangsläufig verschieden. Menschen haben unterschiedliche Neigungen und Vorlieben. Weil dies so ist, ist es schwierig für Arjuna, den unmittelbarsten und geradesten Weg zu erkennen.

Handlung und Entsagung sind identisch. Handlung ist der Baum, Entsagung dessen Frucht. Eines kann nicht besser als das andere sein. Der Baum und die Frucht wachsen im Schoße der Unendlichkeit, um von der Ewigkeit geliebt und von der Unsterblichkeit umarmt zu werden.

Freiheit

Gibt es etwas wie Freiheit? Wenn ja, wo ist sie? Es gibt Freiheit. Sie lebt in unserer bewußten Hingabe an den Willen des Höchsten. Unsere uneingeschränkte Hingabe ist unser untrügliches Einssein mit dem Erhabenen. Da der Höchste die Unendliche Freiheit ist, können wir, in unserem inneren Wesen, nichts anderes sein.

Es war Christopher Marlowe, der sagte:

Es liegt nicht in unserer Macht, zu hassen wie zu lieben,
Denn der Wille in uns vom Schicksal wird getrieben.

Das ist nur wahr, wenn unser Schicksal von den äußerst begrenzten Anweisungen des Egos bestimmt wird. Dieses unser bedauernswertes Schicksal macht eine grundlegende Umwandlung durch – wüste Knechtschaft wird in grenzenlose Freiheit umgewandelt –, wenn wir mit unserer stetig aufsteigenden Flamme der Sehnsucht in der Seele unbegrenztem und allmächtigem Willen leben. Was wir im Innern besitzen und um uns sehen, ist das Bewußtsein sich entfaltender, sich weitender und strahlender Freiheit. Welche Art von Freiheit, physisch oder spirituell, es uns auch immer gibt, diese Freiheit soll nicht bloß der Knechtschaft nachfolgen oder sie gar ersetzen, sondern den eigensten Atem der Knechtschaft in die Unsterblichkeit der Freiheit umwandeln. Und das ist, wie eine weltberühmte Person einmal bemerkte, Freiheit ohne Anführungszeichen.

Dienen

Dienen kann viel für uns tun. Zuallererst sollten wir wissen, daß Dienen in einem göttlichen Geiste die größte Gelegenheit ist, die wir besitzen, unseren Stolz und unsere Eitelkeit zunichte zu machen und die Aufprägung unseres Egos zu tilgen. In gottgeweihtem Dienst erblicken wir die allumfassende Harmonie, wachsen in das allumfassende Bewußtsein.

Unser Wille wird Gottes Wille. Was wir Dienst nennen, ist nichts als die Erfüllung des Göttlichen Willens. Hier auf Erden besitzt einer die Fähigkeit, ein anderer das Bedürfnis. Fähigkeit und Bedürfnis müssen zusammengehen. Wird die Fähigkeit dargeboten, ist nicht nur das Bedürfnis erfüllt, sondern ebenso wird die Fähigkeit anerkannt und wertgeschätzt. Fähigkeit alleine erfährt nur teilweise Zufriedenheit. Doch wenn Fähigkeit und Bedürfnis Seite an Seite laufen, dämmert vollkommene Zufriedenheit herauf.

»Von jedem gemäß seinen Fähigkeiten, für jeden gemäß seinen Bedürfnissen.« In unserem täglichen Leben ist diese Wahrheit in bedeutungsvoller Weise anwendbar.

Gott muß jemandes Denken erfüllen: Und in diesem Zustand göttlicher Konzentration sollte man der Menschheit dienen. In dieser Stunde dann wird Dienen selbst zur größten Belohnung. Obwohl Meditation und Dienen völlig verschiedene Zugänge im Gebiet der Spiritualität darstellen, sind Arbeit und gottgeweihter Dienst nichts weniger als reine Meditation.

Krischna eröffnet uns nun Einiges über Vergnügen und Leid. »Sinnesvergnügen enden in Leid. Deswegen werden Sinnesvergnügen von den Weisen gemieden. Beständige

Selbstbeherrschung ist das wahre und ewige Glück« (5,22 + 23).

Wird Selbstbeherrschung fortgesetzt, dämmert Selbstbemeisterung. Das Dasein in der Welt und die Tätigkeit in der Welt unterstehen der Herrschaft der Selbstbemeisterung. Der leichteste Weg, Selbstbeherrschung zu erlangen, ist, den Pfad der Selbstweihung einzuschlagen. Selbstweihung wird immer von der Erleuchtung der Seele gesegnet. Die turbulenten Kräfte unserer Sinne müssen sich gezwungenermaßen dem Licht der Seele beugen. Wer die innere Erleuchtung besitzt, weiß, daß sein Dasein auf der Erde die Verkörperung Gottes ist und daß seine Taten die Ausdrucksweisen Gottes sind. Er fühlt, daß er niemals der Handelnde ist; er ist ein bloßes Instrument.

Wir erfahren von der Gita nun, was der Körper ist. »Der Körper ist eine Stadt mit neun Toren« (5,13).

Um Wesley La Violette, aus »Ein Unsterbliches Lied« (die Bhagavadgita), zu zitieren:

»Der Körper ist eine Stadt mit vielen Toren, in der der herrschende Verstand heiter ruhen kann. – In dieser Stadt ist der heilige Tempel des Geistes, Denken, wo es kein Begehren zu handeln, noch einen Beweggrund gibt, doch immer die frohe Bereitwilligkeit, der Pflicht zu folgen, wenn sie ruft« (5,13 + 14).

Es ist wahr, daß der Körper einen heiligen Tempel hat. Ebenso wahr ist es, daß der Körper selbst geheiligt ist. Walt Whitmans kraftvolle Erklärung muß dankbar willkommen geheißen werden. »Wenn etwas heilig ist, dann ist der menschliche Körper heilig.«

Heute ist der Körper das unüberwindliche Hindernis. Morgen kann und wird dieser selbe Körper der Stolz des Göttlichen sein, denn in und durch diesen Körper zeigt Gott der Welt, wie Er aussieht, was Er tut und was Er ist.

Gegen Ende dieses Kapitels bekräftigt Sri Krischna, daß Sinnlichkeit gänzlich vermieden werden muß, damit der Mensch ganz in Göttlichkeit leben und sie besitzen kann.

Die Tigerleidenschaften müssen besiegt werden. Der Strebende muß sich unaufhörlich auf seinen Befreier konzentrieren. Ja, für ihn allein ist das Ziel die einzigartige Erlösung.

Selbstbeherrschung

Kein Zögern mehr! Keine Angst mehr! Keine Verwirrung mehr! Der erste Vers des sechsten Kapitels verkündet Arjuna, daß ein *Saṃnyāsī* und ein *Yogī* ein und dasselbe sind. »Wer seine Pflicht tut, ohne die Frucht der Handlung zu erwarten, ist zugleich ein *Saṃnyāsī (Sāṃkhyayogī)* und ein *Yogī (Karmayogī)*« (6,1). Enthaltung und selbstlose Dynamik sind eines.

Es erübrigt sich zu sagen, daß Entsagung *Saṃnyāsa* und Yoga vereinigt. Diese Entsagung ist, dem Begehren und Erwarten zu entsagen. Handlung, rechte Handlung, muß es geben. Handlung ist nicht knechtende Bindung. Handlung ist spirituelles Streben. Handlung ist Erkenntnis und Verwirklichung. Die Gita verlangt unsere Freiheit von der starren Bindung des Handelns und nicht vom Handeln selbst. Das Übel knechtender Bindung, unser Feind, ist in uns und nicht außerhalb von uns. Ebenso ist dies unser göttlicher Freund, die Freiheit. Es scheint, daß wir unserem Denken ausgeliefert sind. John Milton spricht in seinem »Paradise Lost« vom Denken: »Es (das Denken) kann aus dem Himmel eine Hölle oder aus der Hölle einen Himmel machen.« Doch ein wahrer Verehrer Gottes kann über dieses jämmerliche Schicksal leicht hinausgehen. Sein Streben und seine Zurückweisung machen ihn eins mit Gottes Willen. Seelenvoll singt er:

Wenn ich in den Himmel aufsteige, bist du da;
Dort ebenso, Du, wenn ich mein Bett in der Hölle mache.

In diesem Kapitel hat Sri Krischna die Wörter *Yoga* und *Yogī* zumindest dreißigmal verwendet. Hier sagt er Arjuna, für wen der Yoga gedacht ist. »Arjuna, dieser Yoga ist weder für einen Epikuräer noch für einen, der gar nicht ißt, weder für einen, der zuviel schläft, noch für den, der endlos wach ist« (6,16).

Selbstnachgiebigkeit und Selbstabtötung sind gleichermaßen unwürdig. Dem Selbstnachgiebigen wird das Ziel immer in weiter Ferne bleiben. Wer der Philosophie *Cārvākas** folgt, lebt in der Welt des Genusses und Vergnügens, was nichts anderes als Enttäuschung ist. Und diese Enttäuschung ist das Lied der Zerstörung. Der Philosoph *Cārvāka* behauptet:

»Das Leid der Hölle liegt in den Schwierigkeiten, die einem von Feinden, Waffen und Krankheiten erstehen, während Befreiung *(Mokṣa)* der Tod ist, welcher das Aufhören des Lebensatems ist.«

Ganz im Gegenteil, Befreiung ist der Lebensatem der menschlichen Seele. Und dieser Lebensatem bestand vor der Entstehung der Schöpfung, ist nun in der Schöpfung und ist ebenso jenseits der Schöpfung.

Wir haben von Selbstnachgiebigkeit gesprochen. Laßt uns nun die Selbstabtötung betrachten. Der Buddha versuchte sich selbst abzutöten. Und was geschah? Er erkannte schließlich die Wahrheit, daß Selbstabtötung ihm niemals geben könne, was er wollte, nämlich Erleuchtung. So nahm

---

* *Cārvāka* war ein indischer Philosoph der Antike, dessen Ansichten uns nur fragmentarisch aus Polemiken und Widerlegungen anderer Schulen (vor allem buddhistischer und jainistischer) bekannt sind. Sein System, der *Lokāyata,* war das einzige einigermaßen ausgebildete materialistische System Indiens in seiner ganzen langen Geschichte und hat zu keiner Zeit besondere Bedeutung erlangt. Seine Anhänger werden oft charakterisiert mit dem Wort: »Jene, die daran glauben, der Körper wäre das Selbst *(dehātmavādinaḥ)*«.

er froh den mittleren Pfad an, die goldene Mitte. Er akzeptierte weder Hungerleiden noch Genußleben. Mit dieser unvergleichlichen Weisheit gewann der Buddha sein Ziel.

Arjunas lautere Aufrichtigkeit spricht nicht nur für ihn, sondern ebenso für uns. Yoga ist Gleichmut. Wie aber kann das rastlose Denken eines Menschen beherrscht werden? Unstet ist das Denken. Unbändig wie der Wind ist das Denken. Krischna identifiziert sich mit der Entwicklungsstufe des armen Arjuna. Krischnas tröstende Worte allein sind nichts als Erleuchtung.

O Arjuna, das Denken ist wahrhaft unstet. Das Denken zu zügeln ist nicht leicht.
Doch das Denken kann durch beständige Übung und durch Entsagung beherrscht werden (6,35).

Was muß geübt werden? Meditation. Wem muß entsagt werden? Der Unwissenheit. Krischnas feste Überzeugung, »Yoga kann durch Übung erlangt werden« (6,36), verwandelt unseren goldenen Traum in die allerfüllende Wirklichkeit.

Übung ist Geduld. Es gibt keine Abkürzung. »Geduld ist die Tugend eines Esels« hören wir von den Neunmalklugen. Das ungeduldige Pferd in uns oder der hungrige Tiger in uns werden augenblicklich und überstürzt diese großartige Entdeckung aufgreifen. Doch der enthüllende Friede im Strebenden und die erfüllende Kraft in ihm werden ihn klar und überzeugend fühlen lassen, daß Geduld das Licht der Wahrheit ist. Das Licht der Wahrheit ist wahrlich das Ziel.

Eine große spirituelle Persönlichkeit Indiens* brach in schallendes Gelächter aus, als sie von ihren Schülern gefragt wurde, wie viele Jahre eifriger Übung ihr volle Verwirklichung gebracht hätten.

Übung! Was ihr, meine Kinder, Übung nennt, ist nichts

---

* Es ist wahrscheinlich die Meisterin Amandamayi Ma gemeint.

anderes als eure persönliche Anstrengung. Nun, als ich auf eurer Stufe stand, unverwirklicht, dachte und fühlte ich, daß meine persönliche Anstrengung 99 Prozent und Gottes Gnade ein Prozent, nicht mehr, ausmachten. Aber meine große Dummheit erstarb in dem Augenblick, in dem Selbstverwirklichung in mir geboren wurde. Zu meinem Erstaunen sah, fühlte und erkannte ich dann, daß die Gnade meines barmherzigen Herrn 99 Prozent und meine schwächliche persönliche Anstrengung ein Prozent ausmachten. Hier endet meine Geschichte nicht, meine Kinder. Schließlich erkannte ich, daß das eine Prozent von mir ebenso meines Höchsten Vaters bedingungslose und seelenvolle Sorge um mich war. Meine Kinder, ihr fühlt, daß Gottverwirklichung ein mühevolles Rennen ist. Es ist nicht wahr. Gottverwirklichung ist stets eine herniederkommende Gnade.«

Was wir wahrhaft brauchen, ist Geduld. Wenn Ungeduld uns aber überfällt, können wir mit dem Dichter singen:

Du, so fern, wir mühen Dich zu greifen.

Aber wenn unser Geist von Geduld erfüllt ist, können wir im selben Atemzuge mit demselben Dichter singen:

Du, so nah, wir können Dich nicht fassen.

Es ist für uns nichts Ungewöhnliches, manchmal sogar einen ernsthaften Sucher auf dem spirituellen Weg versagen zu sehen. Trotzdem er Glaube und Hingabe in großem Maße hatte, gelingt es ihm nicht, seine Reise zu vollenden. Diese Frage peinigt Arjunas Herz. Er sagt zu Krischna: »Obwohl mit Glauben begabt, welches Schicksal trifft jenen, der fehlte, seine Leidenschaften zu unterwerfen, und dessen Gemüt vom Yoga wegwandert (zur Zeit des Todes) und der Vollkommenheit, das heißt Gottverwirklichung, nicht erlangen konnte? Trifft ihn nicht Vernichtung gleich einer zerrissenen Wolke? Es bleibt ihm Gottverwirklichung ebenso wie Weltvergnügen versagt. Sein Schicksal hat ihn auf dem Pfad des Yoga irregeführt. Nirgendwohin kann er gehen. Auf nichts kann er sich gründen« (6,37 + 38).

Ach, die innere Welt nimmt ihn nicht an, die äußere Welt weist ihn ab und verdammt ihn. Er ist verloren, völlig verloren. Wenn er erfolgreich ist, werden beide Welten ihn umarmen und verehren. Wenn er fehlt, wird er Gegenstand unbarmherzigen Spottes.

Bevor Sri Krischna Arjunas Verstand erhellt, laßt uns Albert Einstein ins Bild bringen. Der unsterbliche Wissenschaftler erklärt:

Wenn meine Relativitätstheorie sich als gelungen erweist, wird Deutschland mich als Deutschen beanspruchen und Frankreich wird erklären, ich sei ein Bürger der Welt. Sollte meine Theorie sich als unwahr erweisen, wird Frankreich sagen, ich sei ein Deutscher, und Deutschland wird erklären, ich sei ein Jude.

Um zum Lehrer und Schüler zurückzukommen: Der Lehrer erhellt des Schülers Denken mit den Strahlen von Trost, Hoffnung, Inspiration und Strebsamkeit.

O Arjuna, keinen Fall gibt es für ihn, weder in dieser Welt noch in der jenseitigen Welt. Denn ein verhängnisvolles, übles Schicksal ist nicht für ihn, der Gutes tut und nach Selbstverwirklichung strebt (6,40).

Der Lehrer sagt ebenso, daß derjenige, der in diesem Leben vom Pfad des Yoga abfällt, im nächsten Leben in ein gesegnetes und geheiligtes Haus geboren wird, um seine spirituelle Reise fortzusetzen.

Jede menschliche Verkörperung ist nur eine kurze Spanne und kann niemals das Ende der ewigen Reise der Seele bestimmen. Niemand kann in einem Leben Vollkommenheit erreichen. Jeder muß notwendigerweise durch Hunderte oder Tausende von Verkörperungen gehen, bis er spirituelle Vollkommenheit erlangt.

Ein Verehrer Gottes verbleibt stets im Atem seines süßen Herrn. Für ihn gibt es kein wirkliches Fallen, keine Vernichtung, keinen Tod. Auf welche Weise er anscheinend fehlte oder warum er fehlte, kann nur seine äußere Geschichte sein. Seine wirkliche Geschichte besteht aus seinem stets heiteren Beharren, in seinem endgültigen Sieg über die Unwissenheit, in seinem völligen Einssein mit dem Höchsten. Entsinnen wir uns der bedeutsamen Äußerung von Jesus:

»Martha, ich bin die Auferstehung und das Leben. Wer an mich glaubt, wird leben, auch wenn er stirbt, und jeder, der lebt und an mich glaubt, wird auf ewig nicht sterben. Glaubst du das?« Martha antwortete ihm: »Ja Herr, ich glaube...« (Johannes 11, 25–27).

In ähnlicher Weise können wir mit Arjuna in aller Aufrichtigkeit und Hingabe zum ehrwürdigen Krischna sagen: »O Krischna, ewiger Lenker unseres Lebensbootes, wir glauben an dich. Wir können noch einen Schritt mehr tun. Krischna, du bist unsere ewige Reise. Du bist unser Göttliches Ziel« (vgl. 10,12).

Erleuchtetes Wissen

Aus seiner unendlichen Güte verkündet Sri Krischna seinem geliebten Schüler, daß er ihm alles, was er hat, und alles, was er ist, geben wird: Unendlichkeit und Ewigkeit. Er erwartet als Gegengabe nur zwei Dinge von seinem Jünger: Yoga und unbedingtes Vertrauen. Wir mögen dieses unbedingte Vertrauen ergebene Überantwortung nennen, welche das unteilbare Einssein des Endlichen mit dem Unendlichen ist. Sri Krischna zu erkennen ist die Höchste Erkenntnis besitzen. Sri Krischna zu verwirklichen ist das Leben vor allem in seinem innersten Wesen zu verwirklichen.

»Manuṣyānām sahasreṣu...« – »Unter Tausenden von

Menschen strebt kaum einer nach spiritueller Vollkommenheit, und von denen, die streben und ihr Ziel erreichen, kennt kaum einer mich im Innersten meines Wesens« (7,3).

Dieser dritte Vers scheint die Begeisterung des Suchers zu dämpfen. Doch Krischnas Absicht ist etwas ganz anderes. Krischna ist nicht nur Allweisheit, sondern ebenso Allmitleid. Er will Arjuna sagen, was im spirituellen Marathonlauf wirklich geschieht.

Die Höchste Erkenntnis ist sicherlich nicht für ihn, der kindische Neugier, seichte Begeisterung, schwache Entschlossenheit, unstete Hingabe und bedingte Überantwortung sein eigen nennt. Jede dieser ungöttlichen Eigenschaften wird in unfehlbarer Weise den inneren Läufer sein Ziel verfehlen lassen.

Der sechste und siebente Vers beschreiben die Beziehung zwischen Sri Krischna und dem Universum. »Ich bin der Anfang und das Ende des Universums. Ich bin der Ursprung der Schöpfung und der Ort der Auflösung. Jenseits von Mir gibt es nichts. All dies ist auf Mir aufgefädelt wie Perlen auf einer Kette« (7,6 + 7).

Wenn wir unsere Aufmerksamkeit richten auf: »All dies ist an mich geflochten wie Juwelen in eine Halskette«, erschauen wir sogleich den unvergleichlichen Poeten Krischna.

Es gibt drei Zustandsformen der Natur: *Sattva, Rajas, Tamas* – Harmonie, Bewegung und Trägheit. Sri Krischna sagt, diese drei Qualitäten seien von Ihm und in Ihm, doch Er nicht in ihnen.

Sattva

Sattva ist die wichtigste der Zustandsformen der Natur. Es verkörpert Harmonie. Laßt uns das Sein der Harmonie in Beziehung zum Universum beleuchten – um John Dryden zu zitieren:

Aus Harmonie, aus himmlischer Harmonie
Diese allumfassende Gestalt begann:
Von Harmonie zu Harmonie
Durch den Umfang aller Töne ging sie,
Um in voller Sinfonie im Mensch zu enden.

Wer die sattvische Qualität besitzt, hat zweifellos ein goldenes Herz. Er weiß, daß sein Leben eine ihm eigene Bedeutung hat. Sein Atem ist rein; seine Geduld lichtvoll. Ohnegleichen ist seine Standhaftigkeit; unfehlbar seine Sicherheit.

Rajas

Rajas ist die zweite Zustandsform. Ein Mensch, mit der Rajas-Qualität ausgestattet, ist stets von dynamischer Leidenschaft erfüllt. Er will die Welt besitzen. Er will die Welt regieren. Er hat ganz einfach keine Zeit, in die Welt inneren Lichtes einzutreten. Sein Leben schätzt bloß zwei Dinge: Kampf und Sieg. Er hat die Möglichkeit, entweder ein göttlicher Krieger oder ein Krieger barer Falschheit zu sein. Er besitzt die Stärke, einen Tempel der Wahrheit zu erbauen. Er besitzt ebenso die Stärke, diesen niederzureißen und zu zerstören. Unglücklicherweise zerstört er den Tempel häufig, wegen seiner unerleuchteten Schau und des tollwütigen Elefanten in ihm.

Tamas

Tamas ist die dritte Zustandsform. Es ist Trägheit, Dunkelheit, Unwissenheit, Sünde und Tod. Es ist ebenso die Verblendung der Welt und die verblendende Illusion.

Sattva ist die Seele klarer Schau.
Rajas ist das fruchtbare oder unfruchtbare Leben.
Tamas ist der Tanz des Todes.

Sattva offenbart sich durch das aufstrebende Licht.
Rajas offenbart sich durch die begehrende Macht.
Tamas offenbart sich durch die verdunkelnde Nacht.

Ein tugendhafter Mensch will die Wahrheit leben.
Ein Mensch der Tat will die Welt genießen.
Ein untätiger Mensch genießt nichts. Im Gegenteil, er wird andauernd von Dunkelheit, Unwissenheit und Tod verzehrt.

Ein tugendhafter Mensch hat einen Freund: Inneres Streben.
Ein Mensch der Tat hat einen Freund: Begeisterung.
Ein untätiger Mensch hat einen Freund: Verblendung.

Ein tugendhafter Mensch versucht, in der Wahrheit der Gegenwart, Vergangenheit und Zukunft zu leben.
Ein Mensch der Tat will in der glorreichen Gegenwart leben.
Er kümmert sich nicht viel um die Zukunft.
Ein untätiger Mensch lebt im eigentlichen Sinne des Wortes nicht. Er schläft. Seine Tage und Nächte sind aus lichtlosem Schlaf gemacht.

Der Erste will seelenvoll über sich selbst hinausschreiten.
Der Zweite will sich selbst ausweiten.
Der Dritte richtet sich selbst unbewußt zugrunde.

Jene, die dem inneren Weg folgen, haben vier unterschiedliche Rollen zu spielen:

Ārta, der Niedergeschlagene, der Betrübte. Das Leben ist ein Dornenbeet: Er hat diese Wahrheit erkannt und schreit nach der Umwandlung des Lebens. Er möchte ein Beet von Rosen besitzen. Leid ist ein schmerzvoller Besitz. Er kann gut mit Francis Thomson singen:

Nichts beginnt, und es endet nichts,
Das nicht mit Leid bezahlt;
Denn geboren sind wir im Leiden anderer
Und sterben in dem eigenen.

Jijñāsu, der Sucher, der Fragende. Was er will, ist Erkenntnis. Erkenntnis sagt uns, warum ein Mensch leidet. Weiter wandelt er, da Erkenntnis Macht besitzt, den Atem des Leidens in den Atem sehender und entflammender Erkenntnis um.

Arthārthī, der Sucher nach dem wahren Reichtum, der absoluten Wahrheit. Er kennt keinen Kummer. Er hat keinen irdischen Wunsch. Er will in ewiger Freiheit, in Befreiung, leben.

Jñānī, der Weise. Wer weise ist, weiß, daß der Höchste überall und das Königreich des Himmels in ihm ist. Er lebt im Höchsten Herrn. Sein Leben ist das Leben des Einsseins mit dem Höchsten Herrn. Seine Welt ist die Welt wahrer Erfüllung. Sehr eng ist die Vertrautheit zwischen ihm und dem Allerhöchsten (zu 7,16 + 17).

Sri Krischna fährt fort: »Edel und gut sind alle diese, doch ich halte den Weisen, den Erleuchteten als meine auserwählte Seele und mein eigenes Selbst; vollkommen verbunden, völlig eins sind wir. Wenn sein Leben seine Aufgabe erfüllt hat, wenn die Stunde der Stille an seine Tür pocht, setze ich ihn in mein Herz, wo der Atem Ewigen Lebens wächst« (7,18 + 19).

Das Unvergängliche Unendliche

Brahman ist das Unvergängliche Unendliche. Ein Name für Brahman ist AUM. AUM ist der Schöpfer. AUM ist die Schöpfung. AUM ist in der Schöpfung. AUM ist ebenso jenseits der Schöpfung.

Dieses Kapitel beginnt mit einer Flut äußerst wichtiger Fragen. *Brahman, Adhyātma, Karma, Adhibhūta, Adhidaiva, Adhiyajña* – was sind all diese? Der Herr antwortet: »Das Unvergängliche Absolute ist *Brahman*. *Adhyātma* ist das selbstoffenbarende Wissen von *Brahmans* uranfänglicher Natur. *Karma* ist das Entstehen von natürlicher und normaler Aktivität. *Adhibhūta* ist die vergängliche materielle Manifestation. *Adhidaiva* ist das Wissen von den Leuchtenden. *Adhiyajña* ist das von mir erbrachte Opfer, um die Manifestation endlicher Formen mit Meinem Unendlichen Leben zu vereinen« (8,3 + 4).

Krischna bekräftigt, daß Selbstverwirklichung oder die Verwirklichung der Unsterblichkeit während des Lebens im Körper und nicht anderswo erreicht werden muß. Wie jeder Mensch Begrenzungen, Unvollkommenheiten und bindende Zwänge schafft, ist er ebenso fähig, diese zu überwinden. Er wird schließlich die Ebenen von Fülle, Vollkommenheit und Freiheit betreten.

Unser Dasein ist das Ergebnis eines früheren Daseins. Diese unsere Erde ist das Ergebnis einer Erde, die früher existierte. Alles entwickelt sich. Das Wesen der Entwicklung ist eine innere und äußere Bewegung. Diese Bewegung oder Veränderung geschieht sogar in der Welt *Brahmās*.* Sogar nachdem man Brahmas Welt erreicht hat, kann man den Schlingen der Wiedergeburt nicht entkommen. Unsere irdischen Tage und Nächte sind eigentlich nichts als eine unendlich kleine Sekunde im Vergleich mit den Tagen und Nächten Brahmas. Tausend Zeitalter atmen in einem einzigen Tag Brahmas, und tausend Zeitalter atmen in einer einzigen Nacht Brahmas.

Es nützt nichts, in unseren irdischen Tagen und Nächten Zuflucht zu suchen, denn sie sind flüchtig. Es nützt auch nichts, sich in Brahmas Tage und Nächte zu flüchten, da auch sie nicht ewig sind. Wir können, sollten und wir müssen allein in Krischnas Ewigem Herzen, das unser sicherster

---

* Der vergängliche Gott *Brahmā* (maskulin) darf nicht mit dem unpersönlichen Absoluten *Brahma(n)* (neutrum) verwechselt werden, weshalb viele Autoren (ebenso Sri Chinmoy hier) das Wort *Brahmā* im Nominativ und *Brahman* in der Stammform anführen, da sie so auch ohne wissenschaftlich genaue Transliteration gut auseinanderzuhalten sind.

schützender Hafen ist, Zuflucht suchen, dort, wo kein Tag vonnöten ist, wo keine Macht vonnöten ist, da Sein Herz der Unendlichkeit Licht und der Ewigkeit Leben ist.

Nichts als Hingabe brauchen wir. Unsere erhabene Wahl fällt auf Hingabe. Unser Herz der Hingabe antwortet Seinem Herzen der Liebe. Er sagt: »Unwandelbare Hingabe allein besitzt unmittelbaren und freien Zugang zu meinem Unsterblichen Leben, meiner durch nichts bedingten Wahrheit« (8,22).

Was im Inneren ist, wird früher oder später im Äußeren manifestiert werden. Der Besitzer göttlicher Gedanken wird ebenso der Täter göttlicher Taten sein. Nur einem gottgeweihten und spirituell strebenden Menschen ist es möglich, bewußt an Gott zu denken, während er den Erdenschauplatz verläßt.

Krischna verkündet uns, wie ein Yogi in das Allerhöchste eingeht, nachdem er seine sterbliche Hülle abgelegt hat. »Seine Sinne sind beherrscht. Sein Verstand befindet sich im Herzen. Er meditiert auf Mich: Seelenvoll singt er AUM. Er gibt Prana, den Lebensatem, auf und geht in die Höchste Erkenntnis in Mir ein« (8,12 + 13).

AUM

Madame H. P. Blavatsky, die Gründerin der Theosophischen Gesellschaft, sah AUM auf eine sehr einfache und bedeutsame Weise. Sie sagte: »AUM heißt gute Taten, nicht bloß schöne Worte. Man muß es in Taten sagen.« Um zu erkennen, was AUM ist und wofür es steht, ist man gut beraten, die Upanishaden, die von AUM sprechen, zu studieren. Die *Māṇḍūkya* Upanishad gibt uns die Bedeutung von AUM auf klare Weise. Die Bedeutung von AUM kann aus Büchern erfahren werden, doch die Erkenntnis von AUM kann niemals durch Bücherstudium erlangt werden. Sie muß erlangt werden, indem man ein inneres Leben lebt, ein Leben spirituellen Strebens, welches dieses innere Streben auf höhere Ebenen des Bewußtseins bringt. Der leichteste und ebenso der wirkungsvollste Weg, hoch und immer höher zu steigen, ist, sich mit lauterer Liebe und wahrhaftiger Hingabe zu erfüllen. Zweifel, Furcht, Enttäuschung, Begrenzung und Unvollkommenheit müssen sich zwangsläufig hingebungsvoller Liebe und überantworteter Hingabe ergeben. Liebe und Hingabe haben die unvergleichliche Macht, die Welt zu besitzen und von der Welt besessen zu werden. Liebe Gottes Manifestation; du wirst entdekken, daß die kosmische Schöpfung dein ist. Gib dich der Sache der kosmischen Manifestation hin; du wirst entdekken, daß sie dich liebt und dich ganz als ihr eigen beansprucht.

Es ist wahr, daß Erkenntnis dir geben kann, was Liebe und Hingabe geben, doch sehr oft wird Erkenntnis nicht um der Wahrheit willen gepflegt, sondern um der Erfüllung von Wünschen willen. Fruchtlos ist die Mühe um Erkenntnis, wenn in ihr Begehren sich erhebt. Wenn der Strebende ganz Liebe und Hingabe ist, schwebt er hoch droben.

Während seiner Reise Flug singt er:

Nie mehr wird mein Herz schluchzen oder trauern,
Meine Tage und Nächte lösen sich in Gottes eignem Lichte auf.
Über des Lebens Mühsal ist die Seele mir
Ein Feuervogel, durchschwingend das Unendliche.

Am Ende seiner Reise singt er:

Ich habe den Einen erkannt und sein geheimes Spiel,
Bin gelangt jenseits des Meers vom Traume des Vergessens.
In Einklang mit Ihm, spiel ich und sing;
Mein eigen ist des höchsten Gottes goldnes Auge.

Er ist nun zu seinem eigenen Ziel geworden. Selbstverliebt singt er:

Tief trunken mit Unsterblichkeit,
Bin ich Wurzel und Äste einer vollen Weite hier.
Meine Form hab ich verwirklicht und erkannt.
Der Erhabene und ich sind eins; alles überdauern wir.*

Das höchste Geheimnis

Das höchste Geheimnis ist die höchste Erkenntnis. Man kann es nicht mit Worten weitergeben, es muß verwirklicht werden. Dieses höchste Geheimnis steht in goldenen Buchstaben in den innersten Winkeln eines jeden göttlich-menschlichen Herzens geschrieben. Es weist niemanden zurück, nein, nicht einmal denjenigen, der gänzlich in Sünde lebt. Wer kein Vertrauen in das hat, was Krischna sagt, für den gibt es kein Entkommen aus den Fesseln der Unwissenheit. Vertrauen zu haben bedeutet ein Stück einzigartigen Glücks zu besitzen. Wie beispielhafte Hingabe braucht auch Vertrauen einen persönlichen Gott, und es hat einen. Vertrauen ist nicht bloß blinder Glaube. Vertrauen ist nicht ein blindes, bedingungsloses sich Ausliefern den heiligen Büchern. Vertrauen ist das bewußte Gewahrsein seiner unbegrenzten Freiheit. Krischna sagt: »O Arjuna, es gibt keine Erlösung für den ohne Vertrauen. Für immer ist er an die Sorgen des Lebens und die Schmerzen des Todes gebunden« (9,3).

Wer auf der Straße des Vertrauens wandelt, wird selbst die Höchste Wahrheit hier auf Erden schauen. Die Entschlossenheit des strebenden Herzens des Suchers ist sein mystisches Vertrauen. Die Überzeugung der offenbarenden Seele des Suchers ist sein triumphierendes Vertrauen. Ein gewöhnlicher, unstrebsamer Mensch wird getragen von den Welten falscher Hoffnungen. Aber ein Mensch des Vertrau-

---

* Sri Chinmoy, Revelation, in: S. C., My Flute, New York 1972.

ens lebt immer in den Welten kraftvoller Bejahung. Heiter und vorbehaltlos häuft er mehr und mehr Brennholz lauteren Glaubens an den Altar Gottes. Und natürlicherweise erblüht seine Seele nun zusehends.

Krischna sagt lächelnd: »Die Verblendeten mißachten Mich, Meine menschlichen Verkörperungen, nicht wissend, daß Ich der Erhabene Herr aller Wesen bin« (9,11).

Einen Avatar zu erkennen ist nicht leicht. Man muß entweder von dem Avatar selbst gesegnet sein oder die Gabe innerer Schau besitzen. Ein Aspirant muß sich vorbereiten, um einen Avatar erkennen zu können. Er muß das Vergnügen der Sinne meiden. Er darf nicht von Leidenschaften beherrscht werden. Er muß seine Leidenschaften beherrschen. Er muß ständig den Atem der Reinheit atmen. Die Furcht hat er niederzureißen. Den Zweifel muß er zerschmettern. Frieden muß er anrufen. Freude muß er in sich aufnehmen.

Abstruse Riten und Zeremonien auszuführen ist nicht notwendig. Sich selbst zu geben ist das einzig Erforderliche. *Er* nimmt alles mit größter Freude an. Wir können unsere innere Reise beginnen, indem wir Ihm Blätter, Blumen und Früchte darbringen. Sogar der kleinste Akt der Darbringung an Gott ist der sicherste Schritt auf dem Pfad der Selbstentdeckung und der Gottentdeckung ... Wir denken ständig, und wenn wir unser Denken Gott darbringen, wird dieser Akt der Darbringung unserer Gedanken uns letztlich mit Gott Dem Gedanken vereinen. Ein gewöhnlicher Mensch meint, er denke bloß, weil er lebt. Aber René Descartes vertritt eine andere Ansicht: »Ich denke, also bin ich.« Dieses »Ich bin« ist nicht nur die Frucht der Schöpfung, sondern ebenso der Atem der Schöpfung. Bedeutend sind die Worte Bertrand Russells: »Die Menschen fürchten Gedanken wie nichts sonst auf der Welt – mehr als Ruin, sogar mehr als den Tod.«

Wenn wir einen wahren, göttlichen Gedanken entdecken können, wird Gott damit augenblicklich die Zeit zwingen, auf unserer Seite zu stehen. Allein die Zeit kann uns helfen, den Atem der Wahrheit zu fühlen und die Füße Gottes zu berühren. Wir können die Zeit der Ewigkeit besitzen, wenn wir sie wahrhaftig wollen. Süß und bedeutungsvoll sind hier die Worte Austin Dobsons:

Die Zeit geht, sagst du? O nein!
Ach, die Zeit, sie bleibt, wir gehen.

Wir dienen immerzu; wenn wir aber Ihm, Ihm allein in der Menschheit dienen, werden wir eins mit Seiner absoluten Wirklichkeit und Seiner allumfassenden Harmonie der Einheit. Und wir dürfen nicht vergessen, daß unser gottgeweihter Dienst mit einer Flut reinster Begeisterung erwiesen werden muß.

Vers 29 ist sehr bekannt und populär: »Mir sind sie alle gleich. Ich kenne keine Begünstigung. Ich kenne keine Mißgunst. Meine liebenden Anhänger, die mich verehren, sind in Mir, und ich bin ebenso in ihnen« (9,29). Das ist eine Erfahrung, die kühn hervorragt im Leben eines Suchers. Es gibt kein besonderes Privileg. Jedem wird die gleiche Gelegenheit gewährt. Man muß nicht erwähnen, daß ein Gottsucher bereits durch eine strenge spirituelle Disziplin gegangen ist. Wenn er nun ein echter Verehrer Krischnas und Ihm lieb und vertraut wird, dann erhält er selbstverständlich die Früchte seiner vergangenen eisernen Disziplin und strengen Selbstzucht. Ohne Anstrengung kein Gewinn. Wo keine Aufrichtigkeit ist, gibt es keinen Erfolg. Seid spirituell strebsam, das wird euren inneren wie äußeren Fortschritt beschleunigen.

Der Verehrer strebt, und Sri Krischna wohnt seinem Streben inne. Der Verehrer erkennt, und in seiner Erkenntnis entdeckt er Krischna als seinen ewigen Atem. Ein Verehrer Gottes ist niemals allein. Er hat die wahrhaftige Wahrheit, daß sein Selbstopfer ihn mit seinem Herrn vereinigt, gefunden. Je mehr er sich bewußt dem Herrn darbringt, umso stärker wird ihr Band der Einheit, des Einsseins.

Anityam (vergänglich, flüchtig); *Asukham* (freudlos, unangenehm):* Die äußere Welt wohnt in unserem erdgebundenen Bewußtsein. Dieses erdgebundene Bewußtsein kann durch Streben, Hingabe und Überantwortung an das Ewige Bewußtsein umgewandelt werden. Und das Ewige Bewußtsein birgt bleibende Freude. Befreiung muß hier in dieser Welt erlangt werden. Jeder hoffnungsvolle Mensch wird freudig Ralph Waldo Emersons furchtloser Erklärung zustimmen:

Die andere Welt. Es gibt keine andere Welt. Hier oder nirgends ist die ganze Wirklichkeit.

Wenn wir die Welt mit unserem inneren Auge betrachten, ist die Welt schön. Diese Schönheit ist die Widerspiegelung des Betrachters eigener Göttlichkeit. Gott der Schöne hat unser strebendes Herz inne als Seinen ewigen Thron. Wir, die Sucher nach dem Höchsten, können niemals mit Friedrich Nietzsches stolzer Philosophie übereinstimmen. Er behauptet: »Die Welt ist schön, aber hat eine Krankheit, genannt Mensch.« Im Gegenteil, wir können in unmißverständlicher Weise sagen, die Welt sei schön, weil sie von einer überirdischen Schönheit, genannt Mensch, erhellt worden ist.

Anityam und *Asukham* können das Herz eines wahren Suchers nicht verderben. Sein Vertrauen ist seinem goldenen Schicksal vermählt. Er singt immerzu:

In rasender Zeit sind nun meine ewigen Tage,
Ich spiel' auf seiner Flöte der Herrlichkeit.

---

* Der Autor bezieht sich hier auf Vers 9,33 der Bhagavadgita, in welchem diese beiden Begriffe verwendet werden und dessen zweite Zeile lautet: »Der du in diese vergängliche *(anityam)* und freudlose *(asukham)* Welt gekommen bist, gib dich Mir hin.«

Unmögliche Taten, unmöglich erscheinen sie nicht mehr;
In den Ketten der Geburt erstrahlet nun Unsterblichkeit.*

Die göttliche und universelle Vollkommenheit

In unserem Inneren ist Vollkommenheit. Um uns herum ist Unvollkommenheit. Die äußere Welt kann Vollkommenheit nur erlangen, wenn die innere Welt sie beseelt, leitet, formt und gestaltet. Das Gestern träumte vom Heute als Vollkommenheit. Das Heute träumt vom Morgen als Vollkommenheit. Die bereits gewonnene Vollkommenheit verblaßt zur Unbedeutendheit angesichts der Geburt der rasch herannahenden Zukunft.

Vollkommenheit wächst. Sie tat dies seit dem Beginn der Entstehung der Schöpfung. Ungleich uns hat Gott einen einzigen Traum: vollkommene Vollkommenheit. Diese vollkommene Vollkommenheit muß in den sehnenden Herzen von individuellem und universellem Dasein leuchten, so daß die durch nichts bedingte Wirklichkeit der vollständige Ausdruck der kosmischen Vision sein kann.

Jeder ist Gott lieb. Doch die süßeste und engste Beziehung besteht nur zwischen einem liebenden Sucher und Gott. Ein wahrer Verehrer Gottes ehrt den Herrn ohne der Begehren Schar. Der Herr segnet ihn nicht nur uneingeschränkt, sondern ebenso bedingungslos. Was ein liebender Sucher benötigt, ist die entschlossene Stärke seines Herzens. Hat er diese erlangt, wird seine Selbstverwirklichung nicht länger in der Ferne bleiben.

Die Wahrheit zu verstehen ist eine Sache, sie zu glauben eine andere. Die Wahrheit nicht zu verstehen ist noch lange kein Vergehen. Doch an die Wahrheit nicht zu glauben ist

---

* Sri Chinmoy, Immortality, in: S. C., My Flute, New York 1972.

nichts weniger als eine unverzeihliche Sünde. Ein Kind versteht die weite Weisheit seines Vaters nicht. Dennoch ist sein Glaube an die Weisheit seines Vaters natürlich und echt.

Sri Krischna ist die Absolute Weisheit. Er ist die Erhabene Herrlichkeit. Seine Herrlichkeit versteht niemand, nein, nicht einmal die Götter. Arjuna mag Krischna nicht verstehen, aber sein unbedingter Glaube an Krischna spricht für ihn: »O Krischna, Du bist der Herr der Herren. Über allen stehst Du. Daran glaube ich. Weder die Götter noch die Dämonen fassen Deine geheimnisvollen Manifestationen. Der Ursprung aller Wesen bist Du. Du wirst nur von Dir allein erkannt« (10,12 + 14 + 15).

»Wenn das Geglaubte unglaubhaft ist, ist es ebenso unglaubhaft, daß das Unglaubhafte in dieser Weise geglaubt werden hätte sollen« (Augustinus).

Glaube ist die vollständige Freiheit des Denkens, Glaube ist die volle Unabhängigkeit des Herzens.

Krischna legt Arjuna nun klar, daß Seine göttliche Herrlichkeit erläutert und erwiesen, aber niemals erschöpft werden kann. Das Universum in seiner Gesamtheit ist nur ein winziger Funken Seiner unendlichen Größe.

Pāṇḍavānām Dhanañjayaḥ, sagt Sri Krischna. »Unter den Pandavas bin ich Dhananjaya (10,37). Dhananjaya ist ein Name für Arjuna. Jeder Mensch hat einen Körper, einen Verstand, ein Herz und eine Seele. Wie kann jemand vor jemand anderem stehen und sagen, er sei fürwahr der andere? Klingt das nicht widersinnig? Es klingt nur widersinnig, wenn wir im Körperlichen und nicht im Einssein des Geistes leben. Wenn wir erklären, alle Menschen seien ein und dasselbe, stellen wir nur eine bloße Tatsache fest, die wir inwendig glauben oder zu glauben versuchen. Nur das Gefühl der Identifikation macht uns eins. Krischna sagt, er sei dies, er sei jenes, er sei alles. Doch er sagt wiederum, Er sei das Beste, Höchste und Mächtigste in allem. Heißt das, sein Bewußtsein sei von Bevorzugung überschattet? Macht

Er Unterschiede? Nein, Er hat keine Vorlieben und unterscheidet nicht. »Arjuna, ich bin das Selbst, das sich im Herzen aller Wesen befindet. Ich bin der Anfang, die Mitte und auch das Ende aller Wesen« (10,20). Er will Arjunas Denken erhellen, indem er sagt, daß Er im Verlauf der kosmischen Entwicklung Seine eigene Vollkommenheit enthüllt und manifestiert. Seine göttlichen Manifestationen sind endlos. Er hat nur einige wenige Beispiele angeführt. Aus Ihm entspringen Beständigkeit, Güte und Mächtigkeit. Er verkündet Arjuna, daß er Seine göttlichen Manifestationen nicht in allen Einzelheiten studieren müsse. Das würde ihn bloß verwirren. »Ich begründete das ganze Universum mit einem Teil Meiner Selbst« (10,42). Dies wissend, kann der Suchende in Arjuna leicht seinen Hunger stillen.

»Ich bin der Same aller Dinge, belebt wie unbelebt« (10,39). Arjuna erkennt nun, daß Krischna nicht der Körper alleine ist. Er ist das alldurchdringende Selbst. Arjuna begehrt zu wissen, in welcher besonderen Form das Selbst verehrt werden soll. »In allen Formen«, ist Krischnas unmittelbare Antwort. Nichts ist ohne das Selbst. Das Selbst ist in allem, und alles ist im Selbst. Das ist die Weisheit, die des Suchers Erkenntnis besitzen muß.

Die Gita lehrt uns das lauterste Einssein. Dieses Einssein ist das innere Einssein. Dieses innere Einssein kann vom Verstand niemals verstümmelt oder verunstaltet werden. Das Reich des Einsseins ist weit jenseits des Zugriffs des äußeren Verstandes.

Selbsterkenntnis ist die Erkenntnis der allumfassenden Einheit. Göttliche Vollkommenheit kann allein auf dem fruchtbaren Boden allumfassender Einheit gegründet werden. Diene der Menschheit gerade deshalb, weil das Göttliche in der Menschheit erscheint. Erkenne das Göttliche, und du wirst gleich darauf Gottes Unsterblichkeit in dir und deine Unsterblichkeit in Gott verwirklichen. Gott im Menschen und der Mensch in Gott allein können die wahre Verkörperung vollkommener Vollkommenheit ankünden.

Die Vision der universellen Form und die kosmische Offenbarung des Herrn

Aus Seiner unendlichen Güte, grenzenlosen Liebe und tiefsten, seelenvollen Anteilnahme heraus hat Sri Krischna das höchste Geheimnis, daß Er in allem ist und alles in sich birgt, enthüllt. Arjunas wüste Verblendung wurde hinweggenommen und aufgelöst. Er erfreut sich nun des lichtklaren Friedens seiner Seele.

Sri Krischna spricht aus der Überfülle Seiner Liebe. Arjuna hört Ihm zu mit der edelsten Hingabe seines Herzens und glaubt an ihn rückhaltlos und seelenvoll. Arjunas einzigartiger Glaube verlangt nach seiner Wandlung; sein Streben nach einer Erfahrung. Sein Denken versteht die Wahrheit. Doch sein Herz schmachtet danach, die Wahrheit zu schauen und die Wahrheit zu leben. Daher braucht er diese Erfahrung, unvermeidlich und unumgänglich. Sri Krischna gewährt sie gnadenvoll und augenblicklich – die Unvergleichliche Erfahrung.

»O Arjuna, sieh in Meinem Körper das gesamte Universum« (11,7). Arjunas physische Augen versagen natürlich, dies zu schauen. Der Herr gewährt ihm das Auge überirdischer Schau, das Auge, welches das Ungesehene erblickt – das yogische Auge.

Der Körper, von dem der Herr spricht, ist ein geistiger Körper. Daher muß Arjuna, um diesen geistigen Körper zu sehen, notwendigerweise mit einem geistigen Auge ausgestattet sein. Körper bedeutet Form. Das Formlose weilt in dieser Form. Die Überirdische Vision und die Absolute Wirklichkeit spielen im Einklang in und durch die kosmische Form. Der Körper aus Fleisch und Blut ist unzähligen Wechselfällen ausgesetzt, doch nicht der Körper unbegrenzter, göttlicher Form und unsterblicher Substanz. Dieser göttliche Körper ist die Verkörperung und Enthüllung der Wahrheit, Göttlichkeit, Unendlichkeit, Ewigkeit und Unsterblichkeit.

Sanjaya sagt zu Dhritarashtra: »O Rajan, Krischna, der erhabene Meister des Yoga, der Allmächtige Herr, enthüllt Arjuna Seine göttliche erhabene Form. Arjuna sieht nun Krischna als die Höchste Gottheit, *Parameśvara*« (11,9).

Arjuna erblickt die Vielen in dem Einen Höchsten – Myriaden Münder, zahllose Augen, unbegrenzte Wunder besitzend, göttliche Waffen führend, göttliche Gewänder und Juwelen umgelegt, himmlische Girlanden überirdischen Duftes tragend. Die Lichterhelle von tausend Sonnen, zugleich am Himmel hervorbrechend, wird schwerlich dem erhabenen Glanz des Herrn gleichkommen. Arjuna schaut in der göttlichen Person Krischnas Unendlichkeit in Vielfältigkeit. Überwältigt, in seinem innersten Wesen von Entzücken durchströmt, die Hände gefaltet, seinen Kopf geneigt, ruft er aus: »O Herr, in Dir, in Deinem Körper, sehe ich alle Götter und alle Stufen von Lebewesen, mit unterscheidenden Merkmalen. Ich sehe gar Brahma, strahlend auf seinem Lotosthron sitzend und Seher und Weise überall herum und symbolische Schlangen – alle göttlich« (11,15).

Wenn wir mit all unseres Herzens schneeweißem, flammendem Streben hinaufgehen, begeben wir uns in das kosmische Bewußtsein der Seher. Dieser Pfad ist ein hinaufsteigender Pfad. Es ist der Pfad von Einschließung und Verwirklichung. Es gibt einen anderen Pfad, bekannt als jener der Enthüllung und Manifestation. Dieser Pfad ist der hinabsteigende Pfad. Hier fließt unser Bewußtsein hinab durch die kosmische Energie, die symbolischen Schlangen, die sich in Kreisen und Spiralen bewegt.

Die Verse 15–31 beschreiben redegewandt und in spiritueller Weise, was Arjuna mit seiner neugewonnenen yogischen Schau in Krischna sah.

Der Kampf muß erst noch beginnen. Die mächtigen Krieger sind bereit und erpicht zu kämpfen. Zu seiner größten Überraschung sieht Arjuna die völlige Auslöschung der Leben der Krieger in Krischna. Vor dem Beginn des Kampfes sieht er den Tod der Krieger. Vernichtet sind sie. Als er die Feuer von Krischnas flammendem und allverschlingendem Rachen erblickt, erbebt sein innerster Lebensatem. Der Schüler schreit heraus: »Dein Mitleid, mein Erhabener Herr, erflehe ich. Ich kenne Dich nicht. Wer bist Du?« (11,31).

»Die Zeit bin ich. Zeit, der mächtige Zerstörer, bin ich. Zum Untergang verdammt sind sie. Ob du kämpfst oder nicht, sie sind bereits tot. Selbst ohne dich werden deine Feinde dem Tode nicht entrinnen. Erhebe dich, o Arjuna, erhebe dich. Des Sieges Glorie und Ruhm gewinne, besiege deine Feinde, erfreue dich an dem weiten Königreich. Ihrer Leben hingegebene Stille wurde von mir verfügt. Sei du der äußere Grund. Sei bloß mein Instrument, nichts weiter« (11,32 + 33). *Nimittamātraṃ bhava.* – »Sei du das bloße Instrument« (11,33b).

Es kann keinen größeren Stolz, keine höhere Errungenschaft geben, als Gottes eigenes Instrument zu sein; denn ein Instrument Gottes zu sein, heißt unfehlbar als ganz Sein Eigen angenommen zu sein. In und durch den Schüler, das Instrument, sieht und erfüllt der Guru, der Meister, Gottes Göttliche Absicht.

Krischna ist die allverschlingende Zeit. Diese Vision ist, gemäß unseren äußeren Augen und äußerem Verstehen, schrecklich. Doch für unsere innere Schau und innere Einsicht ist sie natürlich und unumgänglich.

»Die Zeit«, sagt Sri Aurobindo, »stellt sich der menschlichen Bemühung als Feind oder Freund, als ein Widerstand, ein Mittler oder ein Instrument dar. Doch stets ist sie wahrhaftig das Instrument der Seele.«

»Zeit ist ein Feld von aufeinandertreffenden Umständen und Kräften, die ein resultierendes Fortschreiten bewirken, dessen Verlauf sie wiederum bemißt. Für das Ego ist sie ein Tyrann oder ein Widerstand, für das Göttliche ein Instrument. Deswegen erscheint die Zeit als Widerstand, solange unsere Bemühung personbezogen ist, da sie uns all das Hemmnis der Kräfte, die mit unseren eigenen in Konflikt stehen, vor Augen führt. Wenn das göttliche und persönliche Wirken in unserem Bewußtsein verbunden sind, erscheint sie als Mittler und Bedingung. Wenn die beiden zu einem werden, erscheint sie als Dienerin und Instrument.«*

Krischna Prem, der große Sucher, sagt: »Es ist unmöglich, diese wundersame Einsicht in Worten wiederzugeben. Alle Dinge bleiben dieselben, doch alle sind verändert. Zeit flammt als Ganzes in die Ewigkeit hinein; der strömende Fluß selbst ist das Ewige, welches, obschon Es sich unaufhörlich fortbewegt, sich gar nicht bewegt.«**

Die Lehre der Upanishaden hallt stetig in unserem strebenden Herzen wider: »Das sich bewegt und Das sich doch nicht bewegt; Das weit weg und Das doch nahe ist...« (*Īśopaniṣad* 5).

Die Zeit birgt Wahrheit in sich. Sri Krischna verkündet die Wahrheit, die ewige Wahrheit, über Sich Selbst. An dieser Stelle können wir uns der bedeutsamen Worte Virginia Woolfs erinnern: »Wenn du nicht die Wahrheit über dich selbst sagst, kannst du sie nicht über andere Menschen sagen.« Weißt du umgekehrt die spirituelle Wahrheit über dich selbst, mußt du notwendigerweise die Wahrheit über andere wissen. Sri Krischna zeigt die Göttliche Wahrheit, die Er Selbst war.

Wir können ebenso heiter mit Marcus Aurelius übereinstimmen, wenn er ausspricht: »Ich kann nicht verstehen, wie jemand etwas anderes als die Wahrheit wollen kann.«

Den spirituellen Meister vor dem Anbruch der eigenen Erleuchtung anzuzweifeln ist in der spirituellen Geschichte der Welt nicht ungewöhnlich. Sogar einige der liebsten Jün-

---

* Sri Aurobindo, The Synthesis of Yoga, 4. Aufl. Pondicherry 1970, S. 61 f.

** Sri Krishna Prem, The Yoga of the Bhagavad Gita, London 1951, S. 107.

ger großer spiritueller Meister haben dies getan. Doch den Meister zu verlassen, weil Zweifel ihn quält, ist von seiten des Suchers ein Akt glatter Dummheit. Halte aus, halte aus bis zum letzten. Die erstickten Zweifel werden sich in Luft auflösen. Die Herrlichkeit der Unendlichkeit und Ewigkeit wird im Schoße der Zeit erblühen. Deine aufstrebende Sehnsucht wird dies vollbringen.

Arjunas pochendes Herz verschafft sich Ausdruck: »Du bist die uranfängliche Seele...« (11,38a). Er verlangt nach Krischnas Vergebung. Infolge seiner früheren Unwissenheit hatte er Krischna nicht in seiner göttlichen Natur erkannt. Seine Vergangenheit war voll falscher Handlungen, teils aus Unwissen, teils aus Achtlosigkeit. Er bittet mit klopfendem Herzen um Vergebung für seine unterlassenen und vollbrachten Taten gegenüber Sri Krischna.

»Vertrage dich mit mir wie ein Vater mit seinem Sohne, ein Freund mit seinem Freund, wie der Herr mit dem Geliebten.« Sri Krischna vergibt Arjuna zweifellos. Er nimmt seine normale, natürliche und vertraute Form an.

Arjuna begreift nun, daß es allein die Göttliche Gnade ist, die ihn mit dem yogischen Auge ausgestattet hat, das Ungesehene zu sehen: die Erhabene Herrlichkeit des Herrn; Gegenwart, Vergangenheit und Zukunft.

Er hört vom Herrn ebenso, daß »weder das Studium der Veden noch Opfer noch Almosen, weder Askese noch Studium diese kosmische Vision gewinnen kann...« (11,53). Sogar die Götter sehnen sich nach einem flüchtigen Anblick dieser Universellen Form, die Er durch Sein grenzenloses Mitleid Arjuna soeben gezeigt hat. Vertrauen, Hingabe, Selbstüberantwortung. Siehe! Krischna ist gewonnen. Kein anderer Weg, Ihn zu verwirklichen, Ihn zu besitzen.

Der Pfad der Hingabe

Arjuna ist voll überströmender Freude und zutiefst beglückt, daß er die allerseltenste Vision der kosmischen Form gehabt hatte. Wie ist es ihm möglich, mit weiteren philosophischen und spirituellen Fragen bebürdet zu sein? Der Grund ist jener, daß seine Vision der kosmischen Form nicht in sich einschließt, das Ziel der Ziele erreicht zu haben. Die Vision muß in die lebendige, beständige Wirklichkeit in Arjunas Leben umgewandelt werden, und dann hat er in der Wirklichkeit selbst zu leben. Die Erfahrung der Vision ist gut. Die Verwirklichung der Vision ist besser. Die Verkörperung der Vision ist am besten. Besser als das Beste gar ist die Offenbarung der Vision. Schließlich ist es die Manifestation der Vision, die in göttlich erhabener Weise unvergleichlich ist.

Der Pfad der Meditation und der Pfad der Hingabe werden nun verglichen. Arjuna begehrt, von Sri Krischna über die zwei Pfade, den Pfad der Meditation, der zum Unmanifestierten, und den Pfad der Hingabe, der zum persönlichen Gott führt, zu hören. – Welcher ist der bessere der beiden? Krischnas Antwort ist, daß jeder Pfad, ergeben und vertrauensvoll beschritten, zum Ziele führt. Doch der Pfad der Meditation ist schwieriger und mühsamer. Der physische Körper bindet uns an die materielle Welt. Daher ist es schwierig für uns, auf das Undenkbare, das Unvorstellbare und alles Überragende zu meditieren. Wenn wir uns aber an den Herrn, der die menschliche Form annimmt und Sein Göttliches Spiel im Felde Seiner Manifestation spielt, wenden, wird unser Erfolg zweifellos leichter und schneller zu erlangen und überzeugender sein – in einem Grade, den unser äußerer Verstand nicht für möglich halten würde.

Ein echter Sucher muß alles, was er hat – Unwissenheit und Wissen –, und alles, was er ist – Ichheit und Strebsamkeit –, in Gott auflösen. Das ist wahrhaftig äußerst schwierig, doch nicht unmöglich. Siehe! Er erhält die goldene

Gelegenheit, den leichtesten und wirkungsvollsten Pfad anzunehmen. Auf diesem einzigartigen Pfad muß er bloß die Früchte seiner Taten dem Herrn darbringen und sich selbst – Körper, Denken, Herz und Seele – dem Herrn weihen.

Der Pfad der Meditation und der Pfad der Hingabe werden letztlich zum selben Ziele führen. Was läßt nun den Strebenden fühlen, der Pfad der Meditation sei äußerst schwer zu gehen? Die Antwort ist sehr einfach. Der Strebende kann seines Denkens Aufmerksamkeit nicht auf das Unmanifeste Jenseitige richten; währenddessen sein Pfad unzweifelhaft leichter wird, wenn der Strebende dem Herrn in Seiner offenbarten Schöpfung hingegeben ist und seinen Geliebten in jedem Wesen erblicken und verehren will. Liebe die Form zuerst; dann gehe von der Form zum Formlosen Jenseitigen. Der Schüler muß am Beginn an den göttlich-physischen Aspekt des Guru herantreten, und dann muß er jenseits, weit jenseits des Gurus körperlicher Form und physischer Substanz gehen, um mit dem Unaussprechlichen und Ewig-Entschwindenden Transzendenten zu verkehren und in ihm zu verweilen.

Der Schüler möchte den leichtesten Pfad. Sri Krischna stimmt freundlich zu. Er sagt, daß der Pfad der Meditation, der Pfad selbstlosen Dienstes und der Pfad, der von Liebe und Hingabe inspiriert ist, schwierig seien. Doch gibt es immer noch einen anderen Weg, der außerordentlich leicht zu gehen ist. Auf diesem Pfad muß man bloß der Frucht der Handlung entsagen. Wenn wir unsere Werke nicht als ergebenen Dienst für Gott tun können, sollten wir nicht dunkler Enttäuschung erliegen. Wir können einfach tätig sein, für uns tätig sein. Wir brauchen bloß unsere Früchte dem Herrn darbringen. Jedoch werden wir gut daran tun, wenn wir nur jene besonderen Werke tun, von denen wir von innen her fühlen, sie seien richtig. Natürlicherweise werden wir jene Werke vollbringen, die von unserer Seelenpflicht von uns verlangt werden. Tun wir unsere Seelenpflicht und bringen die Früchte Gott dar, ist unser Herr sogleich gewonnen.

Das Feld und der Kenner des Feldes

Hingabe genügt vollauf, Krischna, die Ewige Wahrheit, zu verwirklichen. Doch will Sri Krischna in diesem Kapitel Arjunas philosophisches und intellektuelles Wissen erweitern. Jene, welche philosophische und intellektuelle Fragen bezüglich der Wahrheit hegen, werden nun wirklich zufriedengestellt werden.

Wir versuchen das, was in unserem Leben Schwierigkeiten schafft, zu vermeiden und nicht zu beachten. Nach Krischna ist diese unsere sogenannte Weisheit Unwissenheit. Sicherlich werden wir uns nicht selbst Probleme schaffen. Wenn jedoch Probleme sich stellen, müssen wir ihnen gegenübertreten, auf sie eingehen und sie schließlich furchtlos und gänzlich überwinden. Arjuna wurde vom Herrn bereits mit den inneren Höhen gesegnet. Nun wünscht der Herr ihn mit dem Wissen um den Kosmos, worin er eine bewußte Rolle zu spielen hat, zu bereichern.

Materie und Geist, *Prakṛti* und *Puruṣa*. Das Feld und der Kenner des Feldes. Der Körper ist das Feld. Die Seele ist dessen Kenner. Wahre Weisheit liegt in der Verwirklichung des Höchsten Kenners und des erkannten und offenbarten Kosmos.

Es gibt 24 *Tattvas*, Prinzipien, die zusammen das Feld bilden. Die erste Gruppe der großen Elemente oder Grundprinzipien besteht aus: Erde, Wasser, Feuer, Luft und Äther. Das Feld umfaßt ebenso das Ego, den erdgebundenen Verstand und den Intellekt; die fünf Organe der Tat – Hände, Füße, Zunge und die beiden Ausscheidungsorgane; ebenso die Sinnesorgane wie Nase, Mund, Augen, Ohren und so weiter. Die fünf Bereiche der Sinne sind: Gesicht, Geruch, Geschmack, Gehör und Tastsinn.

Nur eines muß man wissen: Zu erkennen, daß der Herr im Inneren des Alls, im äußeren All und jenseits des Alls ist, heißt, alles zu erkennen.

Materie und Geist

Materie und Geist sind ohne Anfang. Materie ist die uranfängliche Substanz. Materie verändert sich ständig. Geist ist immer im Zustand der Ruhe. Materie ist die Besitzerin unendlich vieler Zustandsformen. Der Geist sieht und stimmt zu. Materie handelt, wächst und wird. Geist ist Bewußtsein. Geist ist der Zeuge. Materie ist die Unendliche Schaffenskraft. Geist ist die Wirklichkeit im Menschen. Geist nimmt die Materie wahr. Wer des Geistes (des Puruschas) ewige Stille und der Materie (der Prakriti) kosmischen Tanz erkannt hat, mag in irgendeinem Bereich des Lebens tätig sein, als ein Doktor oder ein Philosoph, ein Poet oder ein Sänger – er hat die Vollkommenheit höchster Verwirklichung erlangt. Es gibt einige, die den Höchsten Geist in der Meditation verwirklichen, und andere durch Wissen (die *Sāṃkhya*-Philosophie). Es gibt wieder andere, die den Höchsten Geist durch den Yoga der Tat und des Selbstlosen Dienstes verwirklichen. Hinzu kommen noch jene, die sich dessen nicht gewahr sind, aber von anderen vom Höchsten Göttlichen Geist gehört haben und begannen, ihn mit Hingabe zu verehren und unverrückbar an der Wahrheit festzuhalten. Auch sie gelangen jenseits der Sterblichkeit und entgehen den Schlingen des Todes.

Geist ist in Materie. Er erfährt die aus der Materie hervorgegangenen Eigenschaften. Er erlebt das physische Dasein. Die erworbenen Eigenschaften bestimmen seine Wiedergeburt. Geist ist das Höchste Selbst. Obwohl Meister des Körpers, erfährt Er sterbliches Leben.

Der Weg zu Gott bedeutet, das Ewige Leben im vergänglichen Leben zu sehen, zu erkennen, daß Prakriti, nicht Puruscha, an Taten gebunden ist. Alle Aktivität, so die Gita, göttlich wie ungöttlich, entsteht in Prakriti. Puruscha ist frei von Aktivität. Keine Aktivität ist in Puruscha möglich, da Puruscha Zeit und Raum überschreitet. Doch ohne Puruscha kann es kein Universum, keine Manifestation geben.

Geist ist selbstseiend und alldurchdringend, ob im Körper oder außerhalb desselben; stets unberührt verbleibt der Geist.

Zu erkennen, daß Puruscha und Prakriti untrennbar und eins sind, heißt die Wahrheit zu erkennen, die Wahrheit von Einheit und Göttlichkeit in der Menschheit, die letztendlich als die Göttlichkeit der Menschheit manifestiert werden wird.

Die Gita beinhaltet nicht dürre, logische Metaphysik. Ihre Lehren benötigen keine Unterstützung durch intellektuelle Beweisführung. Der menschliche Verstand kann nicht an das Tor Transzendenter Wirklichkeit klopfen, niemals. Was ist die Gita denn, als die erhaben und göttlich verkörperte Transzendente Wirklichkeit?

Jeder Mensch muß fünf erhabene Geheimnisse von der Gita lernen; erstens: Schaue die Wahrheit; zweitens: Fühle die Wahrheit; drittens: Sei die Wahrheit; viertens: Enthülle die Wahrheit; fünftens: Manifestiere die Wahrheit.

In diesem Kapitel sehen wir, daß die Gita die Bedeutung des Lebens und die göttliche Auslegung des Lebens zugleich ist. Unglücklicherweise ist gerade dieses Kapitel ungeheuren Kontroversen zum Opfer gefallen, trotz der offenbaren Tatsache, daß die Gita vom Beginn bis zum Ende ihrer Reise nicht das Gesicht des Widerspruchs erblickt. Die Gita sieht und enthüllt nur das Gesicht der Einheit der Wahrheit in der Vielfalt. Gelehrte und Kommentatoren stehen miteinander auf Kriegsfuß über ihre Theorien. Ebensowenig sind die Philosophen geneigt, diese Schlacht zu meiden. Jeder ist von dem Gedanken beseelt, seine hehren Theorien den anderen aufzuzwingen. Doch ein echter Sucher der Höchsten Wahrheit ist wahrhaft weise. Er betet zu Krischna, die Gita als seine persönliche Erfahrung zu besitzen. Sri Krischna lächelt. Der Gottverehrer ruft aus:

Der Du hast mir viel gegeben,
Gib eines noch, ein dankbar Herz.

Nicht dankbar, wenn es mir gefällt,
Als ob dein Segen kennte dürre Tag';
Doch solch ein Herz, des Puls Dein Preis sein mag.
G. Herbert

Siehe da, der Verehrer hat das Rennen gewonnen! Er benötigt einen Guru, einen Meister. Sri Krischna ist der Guru und Arjuna der Schüler. Ein berühmter indischer Gelehrter, Hari Prasad Shastri, schreibt:

»Ist der Guru, oder Meister, eine unbedingte Erfordernis für die Erkenntnis der Wahrheit? Die Antwort, gemäß der Gita, ist ›Ja‹. Der Guru ist jener, der die Einheit der Seele mit dem Absoluten lehrt und ein Leben des Sattva (Güte, Licht) lebt. Er kann von beiderlei Geschlecht sein und muß nach der Gita kein Einsiedler sein, der in den Schneemassen des Himalaya lebt, abgeschnitten von der Welt, nur durch auserwählte Jünger sprechend und phantastische Briefe mit der ›astralen Post‹ sendend. Der Guru der Gita ist ein Mensch wie jeder andere gute Mensch, den jedermann zu jeder passenden Zeit sehen kann, der in der menschlichen Gesellschaft lebt und der nicht irgendeine Überlegenheit über andere für sich beansprucht.«

Schließlich verkündet uns die Gita, daß der Guru aller Gurus, der wahre Guru, Gott ist.

Die drei Gunas

Sattva ist Reinheit. Sattva ist Licht. Sattva ist Weisheit. Glück und Sattva existieren zusammen. Harmonie und Sattva atmen zusammen. In Sattva sind die Sinne mit dem Licht der Erkenntnis durchflutet. Wenn jemand den Körper verläßt, während Sattva überwiegt, geht er zur lauteren Wohnstätte der Weisen.

Rajas ist Leidenschaft. Rajas ist Begehren. Rajas ist unerleuchtete Aktivität. Rajas bindet den Körper an Taten. Rajas existiert entweder zusammen mit bloßer Dynamik oder mit blinder Aggression. Rastlosigkeit und Rajas atmen zusammen. Mühevolles Arbeiten von Rajas zu trennen ist so gut wie unmöglich. Rajas ist eine andere Bezeichnung für heftige Lebensbewegung. Wenn jemand stirbt, während Rajas überwiegt, wird er unter jenen wiedergeboren, die den Taten verhaftet sind.

Tamas ist Schlummer. Tamas ist Dunkelheit. Tamas ist Unwissenheit. Stillstand und Tamas existieren zusammen. Nutzlosigkeit und Tamas atmen zusammen. Es ist unmöglich für Tamas, von nacktem Leid getrennt zu werden. Tamas ist eine andere Bezeichnung für langsamen Tod. Tod in Tamas wird von einer Wiedergeburt unter den gefühllosen Toren gefolgt.

Der Sattvabaum trägt die Frucht genannt Harmonie.
Der Rajasbaum trägt die Frucht genannt Leid.
Der Tamasbaum trägt die Frucht genannt Unwissenheit.

Sattva gibt der ganzen Welt leuchtendes Wissen; Rajas leidenschaftliche Gier; Tamas nackte Verblendung. Dessen Leben von Sattva durchströmt wird, schaut in den Himmel auf. Folglich geht er zu höheren Sphären. Dessen Leben durch Rajas in Flammen steht, schaut hochmütig in der Welt umher. Folglich lebt er hier. Blind ist er, dessen Leben von düsterem Tamas bedeckt ist. Stockblind ist er. Folglich sinkt er hinab.

Der Herr sagt, daß der, welcher den Ursprung von Tätigkeit in diesen drei Zustandsformen der Prakriti und zu gleicher Zeit Puruscha, der jenseits der Zustandsformen ist, begreift, kommt zu Ihm und geht in sein Wesen ein. Und wenn er schließlich jenseits des ganzen Bereichs dieser drei Zustandsformen, Sattva, Rajas und Tamas, gelangt, trinkt er in vollen Zügen den Nektar der Unsterblichkeit (14,19 + 20).

Tu alles Gute, das du kannst,
In allen Fällen, wo du kannst,

Auf alle Arten, die du kannst,
An allen Orten, wo du kannst,
Allen Menschen, denen du kannst,
Solange immer du kannst.
John Wesley

Genau das wird von einem sattvischen Menschen erwartet. Nun mag man fragen, wie es kommt, daß auch er über seine Natur hinausgelangen muß? Ist er nicht einzigartig in seinem Dienst für die Menschheit? Er mag in seiner großen Menschenfamilie einzigartig sein, doch vollkommene Freiheit muß er erst noch erlangen. Still und verborgen und, ach, zuweilen gar unbewußt ist der arme sattvische Mensch den Früchten seines großmütigen Dienstes, dem Nutzen seines hohen Wissens verhaftet. Darum muß der sattvische Mensch in der Hoffnung auf die Erlangung unbedingter Freiheit und vollkommener Vollkommenheit seine Natur wandeln und über sie hinausgehen.

Hat man die drei Gunas überstiegen, muß man die Wahl treffen, ob man im alles Überragenden, hoch über dem Feld der Manifestation, verweilen möchte oder ob man dem Ewigen Atem des Unendlichen in der Menschheit dienen und diese für die Verwirklichung von Höchster Glückseligkeit, Frieden und Macht begeistern möchte.

Nicht eine, nicht zwei, sondern drei wichtige Fragen stellt Arjuna. Was sind die Kennzeichen dessen, der über die drei Zustandsformen hinausgelangt ist? Wie verhält er sich? Wie gelangt er jenseits der drei Zustandsformen? (14,21).

Krischnas Antworten lauten: Der Yogi, der über die drei Zustandsformen in seinem eigenen Leben hinausgelangt ist, wird die Früchte von Sattva, Rajas und Tamas weder verabscheuen noch sie begehren. Innen und außen ist er vom Gleichmut seiner Seele durchflutet. Er ist völlig unabhängig. Er hat die vollständige Unabhängigkeit seiner inneren Göttlichkeit verwirklicht. Und mehr noch: Er dient Gott mit seiner lauteren Hingabe. Er tut dies seelenvoll. Er dient der Menschheit mit seiner ganzen Liebe. Er tut dies bedingungslos. Er sieht Gott und Gott allein in allen menschlichen Seelen. Solch ein Yogi wird zuletzt unfehlbar zum Höchsten Selbst (14,22–26).

Der höchste Puruscha

Das dem Letzten Kapitel vorangehende hat uns die Wahrheit gelehrt, daß es ein Feld und einen Kenner des Feldes gibt. Das letzte Kapitel hat ausführlich über das Feld, das kosmische Spiel der Prakriti, gehandelt. Im vorliegenden Kapitel werden wir vom Kenner, dem Individuellen Selbst, dem Universellen Selbst und dem Höchsten Selbst hören.

Dieses Kapitel beginnt mit einem Baum. Dieser Baum wird der Weltenbaum genannt. Ungleich irdischen oder pflanzlichen Bäumen hat dieser Baum seine Wurzeln oben im Höchsten. Der Höchste ist sein alleiniger Urgrund. Seine Äste sind nach unten ausgebreitet. Die Veden sind seine Blätter. Wer die Tiefen der stets sich wandelnden und stets sich entwickelnden Welt ausgelotet hat, verfügt über das gesamte vedische Wissen.

Hier auf Erden ist dieser Baum nicht frei. Er ist von seiner eigenen wirkenden Kraft und Gegenkraft hier in dieser unserer Welt gefangen. Er wird liebevoll von den drei Zustandsformen der Prakriti genährt. Wenn man den Anfang, das Ende und das innerste Dasein dieses Baumes entdecken möchte, dann muß man sich völlig von diesem Baum der Versuchung befreien.

Ein Baum bedeutet inneres Streben. Dieses innere Streben erhebt sich zuletzt in das Höchste. Zahllos sind die irdischen Sadhus (Mönche), die unter den Bäumen sitzen und in die Welt tiefer Meditation eintreten. Das Streben des Baumes spornt sie an und erweckt ihre schlafende Strebsamkeit. Der ehrwürdige Buddha erlangte seine Erleuchtung am Fuß des Bodhi-Baumes. Die Welt hat Kenntnis davon.

Die Gita ist ein Ozean der Spiritualität. Der Spiritualität allerliebste Tochter ist die Dichtung. Der zarte Atem der Dichtung wird immerzu von der das Leben stärkenden Spiritualität umherzt. Versetzen wir uns nun in das Bewußtsein eines Dichters, wenn er von einem Baum spricht.

Gedichte werden verfaßt von Toren wie mir,
Doch Gott allein kann einen Baum erschaffen.
Joyce Kilmer

Da Dichtung meine Stärke ist, nehme ich mir froh die Freiheit heraus, dem gesegneten Poeten zuzustimmen.

Um zu unserem philosophischen Baum zurückzukommen. Die Weisen hauen seine Wurzeln mit der Axt der Losgelöstheit ab. Das ist der Weg der Befreiung. Das ist der Weg zum höchsten Gut.

Ein weiser Mensch lebt in vollkommener Selbstbeherrschung. Er ist uneingeschränkt und bedingungslos der Wahrheit ergeben. Er will Gott und Gott allein, Der der Ursprung der äußeren Welt ist und ebenso der Welt jenseits davon. Die Geschehnisse, ermutigend oder entmutigend, angenehm oder unangenehm, göttlich oder ungöttlich, erregen sein Gemüt nicht, von seinem inneren Sein ganz zu schweigen. Er schwimmt im Meer von fruchtbarer Stille und Gleichmut. Meister der Sinne seiend, beherrscht er sie völlig. Er kommt zu Krischna, seiner alleinigen Zuflucht. Keine Sonne, kein Mond, kein Feuer in Seiner Wohnstatt. Sie sind nicht vonnöten. Diese Wohnstatt ist der Ursprung des gesamten Universums. Sie ist ganz Erleuchtung und Helle. Von Seiner ewigen Wohnstatt gibt es keine Wiederkehr.

Nicht den Verblendeten, sondern den Sehern, ausgestattet mit göttlicher Schau, kommt es zu, Ihn zu erkennen und zu verstehen, Ihn, den Höchsten Herrn, Der in den Körper eingeht, im Körper wohnt, die Zustandsformen der Natur erfährt und den Körper zu Seiner ausgewählten Stunde verläßt.

Alle ernsthaften Bemühungen eines Menschen werden gewiß ohne Nutzen sein, bis er Beständigkeit in seinem Denken erlangt hat, bis er seine äußere Natur beherrscht, bis sein Herz überfließt vor Liebe und Hingabe für seinen spirituellen Lehrer (Guru), bis er dem lebendigen Atem des Herrn in der Menschheit dient.

Es gibt zwei Seiten der Schöpfung: die vergängliche und die unvergängliche. Jenseits dieser beiden ist das Unpersönliche Höchste. Dieses Unpersönliche Höchste ist zugleich alldurchdringend und allerhaltend.

Der Herr sagt: »Ich, der *Puruṣottama*, das Höchste Wesen, übersteige das Vergängliche wie das Unvergängliche« (15,18).

Es gibt vier Veden. Seltsamerweise sprechen alle vier Veden in gewichtigen Worten von diesem Höchsten Wesen.

Das Höchste Wesen, tausendköpfig, tausendäugig, tausendfüßig;
Er durchdringt die gesamte Erde.
Er ist jenseits aller zehn Weltrichtungen. (*Ṛgveda* X.90.1 + 2)

»Tausend« bedeutet hier zweifellos unendlich. Die Unendlichkeit manifestiert sich durch das Endliche im Felde der Manifestation.

Der *Puruṣottama* ist jenseits des Formlosen und der Form, jenseits von Unpersönlichkeit und Persönlichkeit. In Ihm wohnen der mächtigste, dynamische Drang und die tiefste Stille beieinander. Für Ihn sind sie eins. Für Ihn sind eines himmlische Freiheit und irdische Notwendigkeit, die ewig sich wandelnde Form der Erde und die wandellos unendliche Wirklichkeit.

Göttliche und ungöttliche Kräfte

Die Welt, Furcht und Knechtschaft erfreuen sich engster Vertrautheit. Wer an Gott denkt, wird letzten Endes von der Welt geliebt. Wer Gott liebt, fürchtet nichts. Über die Knechtschaft geht er hinaus.

Wer meint, daß Sinnesvergnügen und die höchste Freude ein und dasselbe seien, ist gänzlich im Irrtum befangen. Selbstnachgiebigkeit und das Ziel des Lebens können nicht und werden nicht zusammengehen.

Um Gott zu schauen, muß man ganz auf Zweckmäßigkeit ausgerichtet sein, in der Welt der Verwirklichung wie in der Welt der Manifestation. Niemand kann mehr auf Zweckmäßigkeit ausgerichtet sein denn jemand, der mit spirituellen Eigenschaften versehen ist. Sein Leben wird von den göttlichen Kräften geleitet, beschützt und erleuchtet.

Die Furcht fürchtet sich davor, bei demjenigen zu verweilen, der vollkommenes Vertrauen in Gott hat. Sein Herz ist Reinheit. Sein Denken ist Freiheit. Falschheit? – Er weiß nicht, was das ist. Seine Liebe gebraucht er, die Menschheit zu lieben. Er erwartet Gegenliebe nur, wenn dies der Wille Gottes ist. Seinen Dienst bringt er dem Allerhöchsten in der Menschheit dar, nachdem er die Wurzel des Baumes der Erwartung, ja der Versuchung, mit der scharfen Axt seines Weisheitslichtes zur Gänze zerstört hat.

Der Hingabe Licht und die Stille der Meditation atmen stets in ihm.
Gewalt ist zu schwach, in seine Festung aus Gedanken, Worten und Taten einzudringen.
Lauterste Aufrichtigkeit besitzt er. Machtvollstes Selbstopfer ist er.
Er trägt keine Krone von Menschenhand, sondern eine Krone von Gottes Hand, die Gott Selbst schätzt. Der Name dieser göttlichen Krone ist Demut.

Wer von den ungöttlichen Kräften verschlungen wird, ist nicht nur unspirituell, sondern unzweckmäßig – im wahrsten Sinne des Wortes – veranlagt. Niemals kann er allein sein, auch nicht, wenn er dies will. Eitelkeit, Ärger, Zorn, Prahlerei und Ego rütteln ihn aus seinem Schlummer und nötigen ihn dann, mit ihnen zu tanzen. Verborgen, doch geschwind kommt Unwissenheit herein und schließt sich ihrem Tanze an und lehrt sie dann heiter und triumphierend den Tanz der Zerstörung.

Sein Ego gebraucht er, die Welt zu kaufen. Ärger und Zorn gebraucht er, die Welt zu schwächen und zu strafen. Seine Eitelkeit und Prahlerei gebraucht er, die Welt zu gewinnen. Bewußt gibt er sich der Verherrlichung der Sinnesvergnügen anheim. Er ist selbst nicht einmal fähig, seine imaginären Vorhaben zu zählen, da sie ohne Zahl sind. Was er ganz und gar für sich hat, ist sein Selbstlob. Was er untrüglich ist, ist wahrlich dasselbe.

Er sagt zu Mildtätigkeit und Menschenliebe: »Schau, ich schicke euch beide in die Welt. Bedenkt, ich gebe euch nicht an die Welt. Bringt von der Welt Namen und Ruhm für mich mit. Kommt bald zurück.«

Mildtätigkeit und Menschenliebe gehorchen demütig seinem Befehl. Sie laufen in die Welt. Sie erreichen die Welt. Sie nähren die Welt. Sie vergessen nicht, Namen und Ruhm für ihren Herrn von der Welt mitzubringen. Der Herr erhält seinen begehrten Preis: Namen und Ruhm. In seiner weiten Verwunderung, o ach, folgt Nichtigkeit seinem Namen und seinem Ruhm.

Sein Leben ist der Bindestrich zwischen Sünde und Hölle. Was ist Sünde? Sünde ist ein Anflug unvollkommener Unwissenheit. Was ist Hölle? Hölle ist die unbarmherzige Pein unbefriedigten Begehrens und die liebevolle Umarmung erfüllter Unwissenheit.

Zuerst muß der Sucher Unwissenheit und Wissen als getrennt denken. Später dann erkennt er, daß in Unwissenheit wie Wissen DAS existiert. Laßt unsere Sehnsuchtsflamme von der seelenvollen Lehre der *Īśā* Upanishad entfacht werden. *»Avidyayā mṛtyuṃ tīrtvā . . .«* (*Īśopaniṣad* 11) – »Durch Unwissenheit gelangt er jenseits des Todes, durch Wissen erfreut er sich der Unsterblichkeit.«

Das Kapitel kommt mit dem Wort *Śāstra* (heilige Schrift)

zu seinem Ende. *Śāstras* dürfen nicht herabgewürdigt werden. *Śāstras* sind die äußeren Errungenschaften der inneren Erfahrungen und Erkenntnisse der Seher der Wahrheit. Nicht für jene ist das höchste Ziel, die auf die spirituellen Erfahrungen und Erkenntnisse der Seher der grauen Vergangenheit herabblicken. Sie begehen einen himmelhohen Fehler, wenn sie kraft ihrer vitalen Antriebe fühlen, daß sie ohne Hilfe die Meditation ausüben und die Geheimnisse innerer Disziplin erlernen könnten. Persönliche Führung ist zwingend.

Es ist leicht zu sagen: »Ich gehe meinen eigenen Weg.« Noch leichter ist es, sich selbst zu betrügen. Am leichtesten ist es, seine innere Göttlichkeit, die sich enthüllen und manifestieren will, auszuhungern.

Der Lehrer schärft dem Schüler ein: »O mein Arjuna, folge dem *Śāstra*« (16,24).

Der dreifache Glaube

Der äußere Mensch ist, was sein innerer Glaube ist. All unsere Tätigkeiten, physisch, vital und mental, haben eine gemeinsame Quelle. Und der Name dieser Quelle ist Glaube. Mit unserem Glauben können wir unser Schicksal schaffen, beherrschen, besiegen und verwandeln. Freilich ist das, was wir unbewußten menschlichen Glauben nennen, nichts Geringeres als der göttliche Wille in uns und für uns.

Was macht ein sattvischer Mensch mit seinem lichtvollen Glauben? Er gebraucht seinen Glauben, den Höchsten anzurufen und zu verehren. Was macht ein rajasischer Mensch mit seinem leidenschaftlichen Glauben? Er gebraucht ihn, die Gottheiten zu verehren und ihnen zu gefallen. Was macht ein tamasischer Mensch mit seinem dunklen Glauben? Er verehrt die unzufriedenen, mißvergnügten, hungrigen, düsteren, unbedeutenden, unreinen und erdgebundenen Geister und Gespenster.

Man sagt, daß im Westen Nahrung sehr wenig mit Glauben zu tun hat. In Indien ist die Verbindung zwischen Nahrung und Glauben beinahe untrennbar. Unsere upanishadischen Seher riefen aus: *Annaṃ Brahma* (*Taittirīyopaniṣad* III.2) – »Nahrung ist das Brahman.«

Ein sattvischer Mensch nimmt jene Speisen zu sich, die frisch, rein und milde sind, um Energie, Gesundheit, Heiterkeit und ein langes Leben zu erhalten.

Saure, salzige und übermäßig scharfe Speisen werden vom rajasischen Menschen bevorzugt. Krankheit befällt ihn. Schmerz peinigt ihn.

Ein tamasischer Mensch muß schließlich auch essen. Er ißt begierig jene Speisen, die abgestanden, geschmacklos, unrein und schmutzig sind. Das Ergebnis seiner Eßgewohnheiten kann besser gefühlt als beschrieben werden.

Spirituelle Disziplin

Spirituelle Disziplin bedeutet nicht körperliche Qualen, ganz und gar nicht. An der Kasteiung des Fleisches kann nur eine teuflische Natur ihre Freude haben. Gott der Barmherzige fordert unsere körperliche Qual nicht. Er möchte, daß wir das seelenvolle Licht der Weisheit besitzen – nicht mehr und nicht weniger. Spirituelle Disziplin bedeutet ein gottgeweihter Körper, lauteres Denken, ein liebendes Herz und eine erwachte Seele.

Die äußere Disziplin wächst auf dem fruchtbaren Grund von Einfachheit, Aufrichtigkeit und Reinheit. Die innere Disziplin wächst auf dem fruchtbaren Boden heiterer Gelassenheit, der Ruhe und des Gleichmuts.

Sattvische Disziplin begehrt keine Belohnung. Gewinn, Ehre und Ruhm erwartet und fordert die rajasische Disziplin. Tamasische Disziplin will und schätzt Selbstkasteiung oder die Zerstörung anderer.

Ein Sucher der alles überragenden Wahrheit und sexuelle Kräfte können niemals zusammen einhergehen. Der Sucher, welcher auf dem Pfad der Selbstentdeckung und Gottentdeckung wandelt, muß wissen, was wahre sexuelle Enthaltsamkeit ist. Um Krischna Prem zu zitieren: »Neurotische Enthaltsamkeit mit dem sogenannten unbewußten Denken voll unterdrückter Sexualität, die in einer wirren Masse mehr oder weniger verhüllter Phantasie hervorströmt, ist der allerschlechteste Zustand, in dem sich jemand, der das innere Leben sucht, befinden kann. Solch ein Zustand mag, gleich extremer körperlicher Schwäche, wunderliche Erfahrungen und Visionen herbeiführen, doch wird er in recht wirksamer Weise jedes wahre Beschreiten des Pfades verhindern. Sexualität muß überwunden werden; sie kann nicht ungestraft unterdrückt werden.«*

Das Kapitel endet höchst seelenvoll mit dem Brahman. Brahman wird in göttlicher Weise mit den seelenbewegenden Worten AUM TAT SAT benannt (17,23).

AUM ist das erhabenste mystische Symbol.
AUM ist der wahre Name Gottes. In der kosmischen Manifestation ist AUM.
Jenseits der Manifestation, weit jenseits, ist AUM.

TAT bedeutet »Das«, das Namenlose Ewige.
Über allen Eigenschaften, majestätisch, steht »Das«.

SAT bedeutet Wirklichkeit, die Unendliche Wahrheit.

Wir müssen AUM singen und dann die göttlichen Pflichten unseres Lebens auszuführen beginnen.

Wir müssen TAT singen und dann der Menschheit all unsere stärkenden und erfüllenden Errungenschaften darbringen.

Wir müssen SAT singen und dann Gott darbringen, was wir innen und außen sind, unser eigenstes Sein.

---

* Sri Krishna Prem, The Yoga of the Bhagavad Gita, London 1951, S. 173.

Enthaltung und Entsagung

Langsam, sicher und erfolgreich erklimmen wir nun die letzte Sprosse der Gita-Leiter. Hier werden wir die Quintessenz nahezu des ganzen LIEDES finden.

Arjuna wünschte über das Wesen des sich Enthaltens vom Handeln und über das Wesen des den Früchten des Handelns Entsagens zu hören und ebenso über den Unterschied zwischen diesen beiden.

Der Herr erklärt ihm, daß *Saṃnyāsa* das sich Enthalten vom begehrengetriebenen Handeln ist. *Tyāga* ist das den Früchten des Handelns Entsagen.

Saṃnyāsa und *Sāṃkhyayoga* sind dasselbe, während *Tyāga* und *Karmayoga* dasselbe sind.

Zu unserer Überraschung gibt es auch heutzutage in Indien die blinde Überzeugung, daß eine verwirklichte Seele auf der physischen Ebene nicht wirkt oder wirken kann, ja nicht einmal wirken soll. Ach, die arme, verwirklichte Seele muß ihr Sein von den Aktivitäten der Welt abtrennen! Wäre das der Fall, dann würde ich glauben, daß Selbstverwirklichung nichts als eine harte Bestrafung, eine unerwünschte Errungenschaft, beladen mit dem schweren Gewicht fruchtloser Enttäuschung, ist.

Freilich, ein verwirklichter Mensch ist jemand, der sich von den Schlingen knechtender Bindung befreit hat. Wenn er nicht mit seinem Körper, seinem Denken, seinem Herz und seiner Seele in der Welt und für die Welt wirkt und wenn er nicht den Suchern auf dem Pfad hilft, wer sonst wäre befähigt, die ringende, sehnende und strebende Menschheit zu ihrem vorbestimmten Ziel zu führen?

Für die Befreiung ist Entsagung unentbehrlich. Entsagung bedeutet nicht die Auslöschung des physischen Körpers, der Sinne und des menschlichen Bewußtseins. Entsagung bedeutet nicht, daß man Millionen von Meilen von Weltaktivitäten entfernt sein muß. Entsagung sagt nicht, daß die Welt der Narren Paradies sei.

Wahre Entsagung atmet nicht nur in dieser Welt, sondern erfüllt göttlich das Leben der Welt.

Die Upanishad hat uns gelehrt: »Genieße durch Entsagung« (*Īśopaniṣad* 1). Laßt es uns versuchen. Es wird uns in jedem Fall gelingen.

Richtiges Handeln ist gut. Handeln frei von Begehren ist besser. Die Früchte dem Herrn zu weihen ist wahrhaft das Beste. Diese Gottweihung wird der wahre *Tyāga* genannt.

Einige spirituelle Lehrer lehrten, daß Handeln ein unnötiges Übel sei. Es führe den Menschen in ewige Gebundenheit. Daher behaupten sie leidenschaftlich und stolz, daß alles Handeln ausnahmslos und ohne jedwede Rücksicht vermieden werden muß. Sri Krischna klärt gnadenvoll ihren Irrtum auf. Er sagt, daß *Yajña* (Opfer), *Dāna* (Selbst-Geben) und *Tapas* (Selbstdisziplin) nicht gemieden werden dürfen, denn *Yajña, Dāna* und *Tapas* sind die wahren Läuterer. Es ist selbstverständlich, daß auch diese Handlungen ohne die geringste Verhaftung ausgeführt werden müssen.

Der Pflicht gegenüber der Menschheit zu entsagen ist niemals ein Akt spiritueller Verwirklichung oder auch nur ein Zeichen spirituellen Erwachens. Die Glückseligkeit der Freiheit kommt dem, der die Pflicht aus Angst vor körperlicher Unannehmlichkeit und geistigem Leiden fahren läßt, nicht zu. Seine falsche und absurde Erwartung wird ihn unzweifelhaft in die Welt der Unwissenheit führen, wo er sich gezwungen sehen wird, mit Furcht, Angst und Verzweiflung zu verkehren.

Der ist ein Mensch wahrer Entsagung, welcher eine unangenehme Tat weder verabscheut, wenn die Pflicht sie verlangt, noch begierig ist, nur gute und angenehme Taten zu vollbringen.

Der Herr sagt: »Einer verkörperten Seele ist es nicht möglich, allen Handlungen vollständig zu entsagen. Wer den Früchten der Handlungen entsagt, ist der wahre Entsager« (18,11).

Wenn das Begehren gänzlich zurückgewiesen und persönlicher Gewinn aufrichtig von einem Sucher nicht angestrebt wird, dann allein strahlt vollkommene Freiheit in seinem Inneren und Äußeren.

Die Gita ist die Offenbarung der Spiritualität. Früher oder später müssen alle sich der Spiritualität zuwenden. Es kann und darf keinen Zwang geben. Andere zu drängen, das spirituelle Leben anzunehmen, ist ein Akt gewaltiger Unwissenheit. Ein wirklicher Guru weiß, daß seine Rolle nicht die eines Oberbefehlshabers ist. Er befiehlt nicht einmal seinen liebsten Schülern. Er erweckt und erhellt bloß ihr Bewußtsein, damit sie die Wahrheit sehen, die Wahrheit fühlen, der Wahrheit folgen und schließlich die Wahrheit werden können.

Auf vielfältige Weise hat Sri Krischna Arjuna die beseelendste Weisheit kundgetan. Am Ende sagt er: »Arjuna, nachdem du über die Weisheit ausgiebig gesonnen hast, tue was du willst« (18,63). Mehr noch hat Sri Krischna zu sagen: »Arjuna, Mein erhabenes Wort, Mein allerverborgenstes Geheimnis verkünde ich dir. Dir enthülle ich Meines Herzens Geheimnis, denn stets bist du Mir lieb. Bringe Mir deine Liebe dar. Gib dich Mir hin. Neige dich vor Mir. Gib Mir dein Herz. Ohne Fehl wirst du zu Mir gelangen. Dies versprech' ich Dir. Arjuna, du bist Mir lieb. Überantworte Mir alle irdischen Pflichten. Suche deine alleinige Zuflucht in Mir. Fürchte nicht, trauere nicht, Ich werde dich von allen Sünden befreien« (18,64–66).*

Die Wahrheit soll nur ernsthaften Suchern angeboten werden. Sri Krischna warnt Arjuna liebevoll, daß die Wahrheit, die er, Arjuna, von Ihm erfahren hat, nicht einem

---

* Der Vers 18,66 der Bhagavadgita (hier ab »Überantworte Mir …«) ist für die große philosophisch-religiöse Schule des Vishishtadvaita bzw. der Shri Vaishnavas einer der drei essentiellen Sprüche oder Mantren ihrer Lehre und religiösen Haltung. Er wird der *caramaśloka*, »der höchste Vers«, genannt.

Menschen ohne Glauben, ohne Hingabe und ohne Selbstdisziplin weitergegeben werden darf. Nein, nicht für den ist Sri Krischnas erhabene Wahrheit, dessen Leben von Hohn und Gotteslästerung gefärbt ist.

Jetzt will Sri Krischna wissen, ob Arjuna Ihn, Seine Enthüllung, verstanden hat. Er will ebenso erfahren, ob Arjuna frei ist vom Griff der Verblendung und den Schlingen der Unwissenheit.

»Krischna, mein alleiniger Erlöser, verschwunden ist meine Verblendung. Zerstört ist meine Illusion. Weisheit habe ich empfangen. Deine Gnade hat dies vollbracht, Deine erhabene Gnade. Fest stehe ich, von Zweifeln befreit. Meine Zweifel sind nicht mehr. Ich stehe zu Deiner Verfügung. Deinen Auftrag erflehe ich. Ich bin bereit. Ich werde handeln« (18,73).

Der menschlichen Seele ist es glorreich gelungen, all ihre Unwissenheitsnacht in die Höchste Seele Ewigen Lichtes auszuleeren. Die alles übersteigende Seele hat triumphierend das Lied der Unendlichkeit, Ewigkeit und Unsterblichkeit im strebenden Herzen des menschlichen Bewußtseins gesungen.

Sieg, Sieg dem schreienden und blutenden Herzen des Endlichen. Sieg, Sieg der Mitleidsflut und dem Erleuchtungshimmel des Unendlichen.

Der Sieg der inneren Welt erstrahlt!
Der Sieg der äußeren Welt erstrahlt!

Der Sieg errungen. Der Sieg verwirklicht. Der Sieg offenbart. Der Sieg manifestiert.

Zur Umschreibung indischer Wörter

Bei den in Normalschrift gedruckten Sanskrit-Wörtern ist nur zu beachten, daß ch wie tsch und j wie dsch ausgesprochen wird. Öfter wurde auch die englische Schreibung für sch, nämlich sh verwendet, da dies aufgrund der weiten Verbreitung des Englischen in Indien die gängige Art nichtwissenschaftlicher Transkription der indischen sch-Laute ist.

Die Wörter und Sätze in *Schrägschrift* wurden nach dem international anerkanntesten System transliteriert:

a, i, u
kurze Vokale: h*a*t, *i*st, F*u*tter

ā, ī, ū
lange Vokale: h*a*ben, l*ie*gen, *U*fer

o, e, ai, au
sind Diphthonge und daher immer lang

ṛ, ṝ, ḷ
im Sanskrit Vokale; wie *ri, rī, li* gesprochen

c
ist *tsch*

j
ist *dsch*

ṅ
wie in A*n*ker

ñ
wie in pla*n*tschen

ṃ (ṁ)
Nasal, der eine Nasalierung des vorangehenden Vokals bewirkt: *saṃhitā* = sãhitā; oder er paßt sich an den folgenden Konsonanten an: *ahaṃ tena = ahan tena; bhadraṃ karṇebhiḥ = bhadraṅ karṇebhiḥ.*

ph
entweder als p + h oder als bilabiales f gesprochen

ṭ, ṭh, ḍ, ḍh, ṇa
mit zurückgebogener Zunge gesprochen, ähnlich dem englischen t und d
kh, gh, ch,
jh, th, th
dh, dh, bh
behauchte Konsonanten; wie in Blo*ckh*aus, Lich*th*of, Bil*d*-*h*aken, a*bh*auen ... (Konsonanten ohne h werden im Unterschied zum Deutschen ohne Behauchung gesprochen, wie etwa im Spanischen)
ṣ, ś
in etwa wie deutsches sch gesprochen
ḥ
leichter Hauchlaut (oder wie deutsches ch gesprochen)

Die Betonung der Wörter:

Betont (oder besser: lang gesprochen) werden nur lange Silben. Silben sind lang, wenn sie lange Vokale oder *ṃ, ṁ, ḥ* enthalten oder wenn sie von mehreren Konsonanten gefolgt werden (*dh, kh, th* usw. gelten als ein Konsonant).

Die Sanskrit-Zitate:

Die Übersetzungen von Zitaten aus Veden, Upanishaden oder der Bhagavadgita sind zumeist Sri Chinmoys eigene. Sie wurden hier aus dem Englischen ins Deutsche übertragen, das heißt, es wurde keine bestehende deutsche Übersetzung der Verse und Sprüche aus dem Sanskrit verwendet.

Zum Autor

Sri Chinmoy, 1931 in Bengalen geboren, lebt seit 1964 in New York. Zuvor verbrachte er 20 Jahre spiritueller Disziplin im Sri Aurobindo Ashram in Südindien. Dort erfuhr er als Zwölfjähriger bereits höchste Bewußtseinszustände und richtete sein Leben nach diesen Erfahrungen aus. Er versucht heute, eine weltzugewandte Spiritualität des inneren Herzens fernab rein intellektueller Fragestellungen und einsamer Askese den Menschen nahezubringen. Bekannt wurde Sri Chinmoy auch als Dichter, als Maler sowie als Komponist und Interpret meditativer Musik, der große Konzerthallen füllt – und vor allem auch durch seine spektakulären Leistungen im Sport. Um seine Philosophie, die alle letztliche Begrenzung menschlicher innerer und äußerer Fähigkeit leugnet, auch äußerlich selbst in die Tat umzusetzen, hat er sich intensivem Sprinttraining zugewandt, nachdem er Jahre zuvor im Gewichtheben Rekorde gebrochen hatte. Sri Chinmoys letzte Errungenschaft sind mehrere Millionen kleiner Vögel – »Seelenvögel« –, die er in wenigen Jahren meist in der Art und Weise der Zen-Kunst gezeichnet und gemalt hat, wobei es ihm in bezug auf Qualität und Quantität um den Ausdruck innerer Bewußtseinsrealitäten ging, wie in seinem übrigen Schaffen auch.

DIEDERICHS GELBE REIHE
Die lieferbaren Bände

DG 1 I Ging
DG 6 Das Totenbuch der Tibeter
DG 7 Heinrich Zimmer: Der Weg zum Selbst
DG 8 Helmuth von Glasenapp: Pfad zur Erleuchtung
DG 12 Hellmut Wilhelm: Sinn des I Ging
DG 13 Geshe Lhündub Söpa u. Jeffrey Hopkins: Der Tibetische Buddhismus
DG 14 Dschuang Dsi: Das wahre Buch vom südlichen Blütenland
DG 15 Upanishaden
DG 16 Mahabharata
DG 18 Popol Vuh
DG 19 Laotse: Tao te king
DG 20 Annemarie Schimmel: Rumi
DG 21 Bhagavadgita / Aschtavakragita
DG 22 Kungfutse: Gespräche. Lun Yü
DG 23 Al Ghasali: Das Elixier der Glückseligkeit
DG 24 Basil Johnston: Und Manitu erschuf die Welt
DG 27 Idries Shah: Die Sufis
DG 28 Liä Dsi: Das wahre Buch vom quellenden Urgrund
DG 29 Tantra in Tibet
DG 30 Chang Chung-yuan: Tao, Zen und schöpferische Kraft
DG 31 Li Gi. Das Buch der Riten, Sitten und Bräuche
DG 32 Annemarie Schimmel: Und Muhammad ist Sein Prophet
DG 33 Heinrich Zimmer: Indische Mythen und Symbole
DG 34 Śāntideva: Poesie und Lehre des Mahāyāna-Buddhismus
DG 35 Der Sohar. Das heilige Buch der Kabbala
DG 36 Kungfutse: Schulgespräche
DG 37 Annemarie Schimmel: Gärten der Erkenntnis
DG 39 Emma Brunner-Traut: Die Kopten
DG 42 Mong Dsi: Die Lehrgespräche des Meisters Meng K'o
DG 45 Ramayana
DG 46 Germanische Götterlehre
DG 47 Hans Findeisen u. Heino Gehrts: Die Schamanen
DG 51 Erfahrungen mit dem I Ging
DG 52 Franz Carl Endres u. Annemarie Schimmel: Das Mysterium der Zahl
DG 53 Gerhard Wehr: Die Bruderschaft der Rosenkreuzer
DG 56 Albert Y. Leung: Chinesische Heilkräuter
DG 57 Christian Rätsch: Chactun. Die Götter der Maya
DG 61 John Blofeld: Der Taoismus
DG 62 Alfred Douglas: Ursprung und Praxis des Tarot
DG 64 Richard Wilhelm und C. G. Jung: Geheimnis der Goldenen Blüte

DG 65 Wen Kuan Chu/ Wallace A. Sherrill: Astrologie des I Ging
DG 67 Heinrich Zimmer: Abenteuer und Fahrten der Seele
DG 68 Wolfram Eberhard: Lexikon chinesischer Symbole
DG 71 Christian Rätsch: Indianische Heilkräuter
DG 73 Hans Wolfgang Schumann: Der historische Buddha
DG 78 Robert Aitken: Zen als Lebenspraxis
DG 81 Namkhai Norbu: Dzogchen, der Weg des Lichts
DG 82 Annemarie Schimmel: Muhammad Iqbal
DG 84 Namkhai Norbu: Der Zyklus von Tag und Nacht
DG 91 Weisheit der Völker
DG 93 L. S. Dagyab: Buddhistische Glückssymbole
DG 96 Benjamin Walker: Gnosis
DG 99 Hans Wolfgang Schumann: Buddhismus
DG 101 Omar Ali-Shah Sufismus für den Alltag
DG 102 Annemarie Schimmel: Von Ali bis Zahra
DG 103 Rients R. Ritskes: Zen für Manager
DG 106 Geshe Thubten Ngawang: Vom Wandel des Geistes
DG 107 Sri Chinmoy: Veden, Upanishaden, Bhagavadgita
DG 108 Friedrich Weinreb: Kabbala im Traumleben des Menschen
DG 109 Dominique Viseux: Das Leben nach dem Tod
DG 110 René Grousset: Die Reise nach Westen
DG 111 Dennis Genpo Merzel: Durchbruch zum Herzen des Zen
DG 112 Åke Hultkrantz: Schamanische Heilkunst und rituelles Drama
DG 114 Hans Wolfgang Schumann: Mahāyāna-Buddhismus
DG 115 Christian Rätsch: Heilkräuter der Antike
DG 116 Gerhard Wehr: Spirituelle Meister des Westens
DG 117 Hartmut Kraft: Über innere Grenzen
DG 118 Isabelle Robinet: Geschichte des Taoismus
DG 119 Idries Shah: Sufi-Wege zum Selbst
DG 120 H. P. Blavatsky: Theosophie und Geheimwissenschaft
DG 121 Rumi: Von Allem und vom Einen
DG 122 Dominique Hertzer: Das Mawangdui-Yijing
DG 123 Murad Hofmann: Reise nach Mekka
DG 124 Andreas Gruschke: Mythen und Legenden der Tibeter
DG 125 Malidoma Somé: Vom Geist Afrikas
DG 126 Dominique Hertzer: Das alte und das neue Yijing

DG 127 Gerd Becher/Elmar Treptow: Vom Frieden der Seele
DG 128 Hanna Moog: Leben mit dem I Ging
DG 129 Hans Wolfgang Schumann: Die großen Götter Indiens
DG 131 Gerardo Reichel-Dolmatoff: Das schamanische Universum
DG 132 Thomas Cleary: Zen-Geschichten
DG 133 Vanamali Gunturu: Krishnamurti
DG 134 Kornelius Hentschel: Geister, Magier und Muslime
DG 135 Konrad Dietzfelbinger: Mysterienschulen
DG 136 Matthias Dalvit: Geburts-I Ging und Astrologie
DG 137 Andreas Gruschke: Die heiligen Stätten der Tibeter
DG 138 Elvira Friedrich: Yoga
DG 139 John Bierhorst: Die Mythologie der Indianer Nordamerikas
DG 141 Marc Jongen: Das Wesen spiritueller Erkenntnis
DG 142 Jyotishman Dam: Shiva-Yoga
DG 143 Ella E. Clark: Indianische Legenden
DG 144 Jakob Böhme: Im Zeichen der Lilie – Werke
DG 145 Rudolf Haase: Johannes Keplers Weltharmonik
DG 146 Gerhard Wehr: Heilige Hochzeit
DG 147 Ad Borsboom: Myten und Spiritualität der Aborigines
DG 148 John Matthews: Keltischer Schamanismus
DG 149 Johannes Hartlieb: Das Buch der verbotenen Künste
DG 151 Martina Darga: Das alchemistische Buch von innerem Wesen und Lebensenergie
DG 152 Vanamali Gunturu: Mahatma Gandhi
DG 153 Meister Eckhart: Mystische Traktate und Predigten
DG 154 Namkhai Norbu: Spiegel des Bewußtseins
DG 155 Die Weisheit Asiens
DG 156 Claudia Weber: Buddhistische Sutras
DG 157 Paramahansa Yogananda: Die spirituelle Lehre der Rubaijat
DG 158 Matthias Mala: Die Macht der weißen Magie
DG 159 Paramahamsa Hariharananda: Kriya Yoga
DG 160 G. I. Gurdjieff: Beelzebubs Erzählungen für seinen Enkel
DG 161 Wilhelm Halbfass: Karma und Wiedergeburt im indischen Denken
DG 162 Malidoma Somé: Die Kraft des Rituals
DG 163 Die Religionen und das Essen